LA TERNURA INFINITA DE DIOS

MEDITACIONES SOBRE LOS EVANGELIOS

PAPA FRANCISCO

La ternura infinita de Dios

MEDITACIONES SOBRE LOS EVANGELIOS

PAPA FRANCISCO

Compilado por Jeanne Kun

the**WORD** among us® *press*

Publicado por The Word Among Us Press
7115 Guilford Road
Frederick, Maryland 21704
www.wau.org

20 19 18 17 16   1 2 3 4 5

ISBN: 978-1-59325-318-9

Las homilías y discursos del Papa Francisco, incluyendo las citas bíblicas, son tomadas de la traducción vaticana y pueden encontrarse en el sitio web de la Santa Sede, www.vatican.va. Utilizado con permiso de Libreria Editrice Vaticana.

Diseño de la portada por Andrea Álvarez
Fotografía de la portada: Getty Images

Hecho e impreso en los Estados Unidos de América

CONTENIDO

INTRODUCCIÓN

"Para ti, ¿quién es Jesús? ¿Estás con Jesús? ¿Intentas
conocerlo en su palabra? ¿Lees el Evangelio, todos los
días un pasaje, para conocer a Jesús? ¿Llevas el Evangelio
en el bolsillo, en la bolsa, para leerlo en cualquier lugar?
Porque cuanto más estamos con Él, más crece el deseo de
permanecer con Él."
—Papa Francisco, Discurso del Ángelus,
23 de agosto de 2015

El Papa Francisco está convencido de que si realmente queremos hacernos amigos de Jesús, debemos leer los Evangelios. Es por esto que nos anima a llevar el Evangelio con nosotros: para que podamos leer un pasaje en cualquier momento o en cualquier lugar. Y, ¡qué mejor manera de estudiar los Evangelios que hacerlo con el propio Santo Padre!

Como pueden imaginar, estas meditaciones están llenas de la calidez, la sabiduría y del ingenio característicos del Papa Francisco. Su consejo pastoral se basa en su profundo conocimiento de nuestra condición humana. A menudo, de una manera personal, ese consejo nos revela su corazón, permitiéndonos ver su propio amor profundo por Jesús. También refleja su deseo ardiente de que todos los hombres y mujeres alcancen un encuentro profundo con Jesús.

The Word Among Us Press se complace en presentarles estas reflexiones, las cuales han sido tomadas de las homilías, discursos y charlas impartidas por el Santo Padre desde el principio de su pontificado. Muchos de estos textos se impartieron en la Plaza de San Pedro, pero muchos otros fueron proclamados durante los extensos viajes del papa alrededor del mundo.

Oramos para que mientras usted medita en los Evangelios junto con el Papa Francisco, pueda descubrir quién es Jesús para usted y crecer en su amor por él y su deseo de estar junto a él.

Jeanne Kun

MARÍA, LA MADRE DEL "SÍ"
LUCAS 1, 26-38

En el Evangelio acabamos de escuchar el anuncio del Ángel a María que le dice: «Alégrate, llena de gracia. El Señor está contigo». Alégrate, María, alégrate. Frente a este saludo, ella quedó desconcertada y se preguntaba qué quería decir. No entendía mucho lo que estaba sucediendo. Pero supo que venía de Dios y dijo «sí». María es la madre del «sí». Sí, al sueño de Dios; sí, al proyecto de Dios; sí, a la voluntad de Dios.

Un «sí» que, como sabemos, no fue nada fácil de vivir. Un «sí» que no la llenó de privilegios o diferencias, sino que, como le dirá Simeón en su profecía: «A ti una espada te va a atravesar el corazón» (*Lc* 2, 35). ¡Y vaya que se lo atravesó! Por eso la queremos tanto y encontramos en ella una verdadera Madre que nos ayuda a mantener viva la fe y la esperanza en medio de situaciones complicadas. Siguiendo la profecía de Simeón nos hará bien repasar brevemente tres momentos difíciles en la vida de María.

1. Primero: el nacimiento de Jesús. «No había un lugar para ellos» (*Lc* 2, 7). No tenían una casa, una habitación para recibir a su hijo. No había espacio para que pudiera dar a luz. Tampoco familia cercana: estaban solos. El único lugar disponible era una cueva de animales. Y en su memoria seguramente resonaban las palabras del Ángel: «Alégrate María, el Señor está contigo». Y Ella podría haberse preguntado: «¿Dónde está ahora?»

2. Segundo momento: la huida a Egipto. Tuvieron que irse, exiliarse. Ahí no solo no tenían un espacio, ni familia, sino que

incluso sus vidas corrían peligro. Tuvieron que marcharse a tierra extranjera. Fueron migrantes perseguidos por la codicia y la avaricia del emperador. Y ahí ella también podría haberse preguntado: «¿Y dónde está lo que me dijo el Ángel?»

3. Tercer momento: la muerte en la cruz. No debe existir una situación más difícil para una madre que acompañar la muerte de su hijo. Son momentos desgarradores. Ahí vemos a María, al pie de la cruz, como toda madre, firme, sin abandonar, acompañando a su Hijo hasta el extremo de la muerte y muerte de cruz. Y allí también podría haberse preguntado: ¿Dónde está lo que me dijo el Ángel? Luego la vemos conteniendo y sosteniendo a los discípulos.

Contemplamos su vida, y nos sentimos comprendidos, entendidos. Podemos sentarnos a rezar y usar un lenguaje común frente a un sinfín de situaciones que vivimos a diario. Nos podemos identificar en muchas situaciones de su vida. Contarle de nuestras realidades porque ella las comprende.

Ella es mujer de fe, es la Madre de la Iglesia, ella creyó. Su vida es testimonio de que Dios no defrauda, que Dios no abandona a su pueblo, aunque existan momentos o situaciones en que parece que Él no está. Ella fue la primera discípula que acompañó a su Hijo y sostuvo la esperanza de los apóstoles en los momentos difíciles. Estaban encerrados con no sé cuántas llaves, de miedo, en el cenáculo. Fue la mujer que estuvo atenta y supo decir —cuando parecía que la fiesta y la alegría terminaba—: «mira no tienen vino» (*Jn* 2, 3). Fue la mujer que supo ir y estar con su prima «unos tres meses» (*Lc* 1, 56), para que no estuviera sola en su parto. Esa es nuestra madre, así de buena, así de generosa, así de acompañadora en nuestra vida.

—Homilía, Santuario Mariano de Caacupé, Paraguay,
11 de julio de 2015

UN ENCUENTRO ENTRE
LAS GENERACIONES
Lucas 1, 39-45

E l Evangelio que hemos escuchado hoy, lo acogemos como el Evangelio del encuentro entre los jóvenes y los ancianos: un encuentro lleno de gozo, lleno de fe y lleno de esperanza.

María es joven, muy joven. Isabel es anciana, pero en ella se ha manifestado la misericordia de Dios y desde hace seis meses, con su marido Zacarías, está en espera de un hijo.

María, también en esta circunstancia, nos muestra el camino: ir al encuentro de su pariente anciana, estar con ella, ciertamente para ayudarla, pero también y, sobre todo, para aprender de ella, que es anciana, una sabiduría de vida.

La Primera lectura, con diversas expresiones, evoca el cuarto mandamiento: «Honra a tu padre y a tu madre, para que se prolonguen tus días en la tierra, que el Señor, tu Dios, te va a dar» (*Éx* 20, 12). No hay futuro para el pueblo sin este encuentro entre las generaciones, sin que los hijos reciban con reconocimiento el testigo de la vida de las manos de sus padres. Y dentro de este reconocimiento de quien te ha transmitido la vida, existe también el reconocimiento por el Padre que está en los cielos.

Existen a veces generaciones de jóvenes que, por complejas razones históricas y culturales, viven de modo más fuerte la necesidad de independizarse de sus padres, casi de «liberarse» del legado de la generación precedente. Es como un momento de adolescencia rebelde. Pero, si luego no se recupera el encuentro, si no se encuentra un equilibrio nuevo, fecundo entre las generaciones, lo que deriva de ello es un grave empobrecimiento por el pueblo, y la libertad que predomina en la sociedad es una libertad falsa, que casi siempre se transforma en autoritarismo...

Y volvamos entonces a este «icono» lleno de alegría y esperanza, lleno de fe, lleno de caridad. Podemos pensar que la Virgen María, estando en casa de Isabel, habrá escuchado a ella y al marido Zacarías rezar con las palabras del Salmo responsorial de hoy: «Porque tú, Dios mío, fuiste mi esperanza y mi confianza, Señor, desde mi juventud... No me rechaces ahora en la vejez, me van faltando las fuerzas, no me abandones... Ahora en la vejez y las canas, no me abandones, Dios mío, hasta que describa tu poder, tus hazañas a la nueva generación» (Sal 71, 5. 9. 18). La joven María escuchaba, y guardaba todo en su corazón. La sabiduría de Isabel y Zacarías enriqueció su ánimo joven; no eran expertos en maternidad y paternidad, porque también para ellos era el primer embarazo, pero eran expertos en la fe, expertos de Dios, expertos de esa esperanza que viene de Él: es de esto lo que el mundo tiene necesidad, en todos los tiempos. María ha sabido escuchar a esos padres ancianos y llenos de estupor, tomó en cuenta su sabiduría, y esta fue preciosa para ella, en su camino de mujer, de esposa, de madre.

Así, la Virgen María nos muestra el camino: el camino del encuentro entre los jóvenes y los ancianos. El futuro de un pueblo supone necesariamente este encuentro: los jóvenes dan la fuerza para hacer caminar al pueblo y los ancianos robustecen esta fuerza con la memoria y la sabiduría popular.

—Homilía, Plaza de San Pedro, Santa Misa con los Ancianos, 28 de septiembre de 2014

LA FE DE NUESTRA MADRE
LUCAS 1, 39-56

El Evangelio de hoy nos presenta a María, que, inmediatamente después de haber concebido a Jesús por obra del Espíritu Santo, va a visitar a su anciana pariente Isabel, quien también milagrosamente espera un hijo. En este encuentro lleno del Espíritu Santo, María expresa su alegría con el cántico del *Magníficat*, porque ha tomado plena conciencia del significado de las grandes cosas que están sucediendo en su vida: a través de ella se llega al cumplimiento de toda la espera de su pueblo.

Pero el Evangelio nos muestra también cuál es el motivo más profundo de la grandeza de María y de su dicha: el motivo es la fe. De hecho, Isabel la saluda con estas palabras: «Bienaventurada la que ha creído, porque lo que ha dicho el Señor se cumplirá» (*Lc* 1, 45). La fe es el corazón de toda la historia de María; ella es la creyente, la gran creyente; ella sabe —y lo dice— que en la historia pesa la violencia de los prepotentes, el orgullo de los ricos, la arrogancia de los soberbios. Aun así, María cree y proclama que Dios no deja solos a sus hijos, humildes y pobres, sino que los socorre con misericordia, con atención, derribando a los poderosos de sus tronos, dispersando a los orgullosos en las tramas de sus corazones. Esta es la fe de nuestra madre, esta es la fe de María.

El cántico de la Virgen nos deja también intuir el sentido completo de la historia de María: si la misericordia del Señor es el motor de la historia, entonces no podía «conocer la corrupción del sepulcro la mujer que, por obra del Espíritu, concibió en su seno al autor de la vida, Jesucristo» (*Prefacio*). Todo esto no tiene que ver sólo con María. Las «cosas grandes» hechas en Ella por el Todopoderoso nos tocan profundamente, nos hablan de nuestro viaje en la vida, nos recuerdan la meta que nos espera: la casa del Padre. Nuestra vida, vista a la luz de María asunta al Cielo, no es un deambular sin sentido, sino una peregrinación que, aun con todas sus incertidumbres y sufrimientos, tiene una meta segura: la casa de nuestro Padre, que nos espera con amor.

Mientras tanto, mientras transcurre la vida, Dios hace resplandecer «para su pueblo, todavía peregrino sobre la tierra, un signo de consuelo y de segura esperanza» (*ibid*). Ese signo tiene un rostro, ese signo tiene un nombre: el rostro luminoso de la Madre del Señor, el nombre bendito de María, la llena de gracia, bendita porque ella creyó en la palabra del Señor: ¡la gran creyente! Como miembros de la Iglesia, estamos destinados a compartir la gloria de nuestra Madre, porque, gracias a Dios, también nosotros creemos en el sacrificio de Cristo en la cruz y, mediante el Bautismo, somos introducidos en este misterio de salvación.

Hoy todos juntos le rezamos para que, mientras se desarrolla nuestro camino en esta tierra, Ella vuelva a nosotros sus ojos misericordiosos, nos despeje el camino, nos indique la meta, y nos muestre después de este exilio a Jesús, el fruto bendito de su vientre. Y decimos juntos: Oh clemente, oh pía, oh dulce Virgen María.

—Discurso del Ángelus, Plaza de San Pedro, Solemnidad de la Asunción de la bienaventurada Virgen María, 15 de Agosto de 2015

JOSÉ, FIEL Y JUSTO
MATEO 1, 18-24

El Evangelio nos relata los hechos que precedieron el nacimiento de Jesús, y el evangelista Mateo los presenta desde el punto de vista de san José, el prometido esposo de la Virgen María.

José y María vivían en Nazaret; aún no vivían juntos, porque el matrimonio no se había realizado todavía. Mientras tanto, María, después de acoger el anuncio del Ángel, quedó embarazada por obra del Espíritu Santo. Cuando José se dio cuenta del hecho, quedó desconcertado. El Evangelio no explica cuáles fueron sus pensamientos, pero nos dice lo esencial: él busca cumplir la voluntad de Dios y está preparado para la renuncia más radical. En lugar de defenderse y hacer valer sus derechos, José elige una solución que para él representa un enorme sacrificio. Y el Evangelio dice: «Como era justo y no quería difamarla, decidió repudiarla en privado» (1, 19).

Esta breve frase resume un verdadero drama interior, si pensamos en el amor que José tenía por María. Pero también en esa circunstancia José quiere hacer la voluntad de Dios y decide, seguramente con gran dolor, repudiar a María en privado. Hay que meditar estas palabras para comprender cuál fue la prueba que José tuvo que afrontar los días anteriores al nacimiento de Jesús. Una prueba semejante a la del sacrificio de Abrahán, cuando Dios le pidió el hijo Isaac (cf. *Gn* 22): renunciar a lo más precioso, a la persona más amada.

Pero, como en el caso de Abrahán, el Señor interviene: encontró la fe que buscaba y abre una vía diversa, una vía de amor y de felicidad: «José —le dice— no temas acoger a María, tu mujer, porque la criatura que hay en ella viene del Espíritu Santo» (*Mt* 1, 20).

Este Evangelio nos muestra toda la grandeza del alma de san José. Él estaba siguiendo un buen proyecto de vida, pero Dios reservaba para él otro designio, una misión más grande. José era un hombre que siempre dejaba espacio para escuchar la voz de Dios, profundamente sensible a su secreto querer, un hombre atento a los mensajes que le llegaban desde lo profundo del corazón y desde lo alto. No se obstinó en seguir su proyecto de vida, no permitió que el rencor le envenenase el alma, sino que estuvo disponible para ponerse a disposición de la novedad que se le presentaba de modo desconcertante. Y así, era un hombre bueno. No odiaba, y no permitió que el rencor le envenenase el alma. ¡Cuántas veces a nosotros el odio, la antipatía, el rencor nos envenenan el alma! Y esto hace mal. No permitirlo jamás: él es un ejemplo de esto. Y así, José llegó a ser aún más libre y grande. Aceptándose según el designio del Señor, José se encuentra plenamente a sí mismo, más allá de sí mismo. Esta libertad de renunciar a lo que es suyo, a la posesión de la propia existencia, y esta plena disponibilidad interior a la voluntad de Dios, nos interpelan y nos muestran el camino.

—Discurso del Ángelus, Plaza de San Pedro,

22 de diciembre de 2013

DIOS-CON-NOSOTROS
JUAN 1, 1-14

La liturgia de este domingo nos vuelve a proponer, en el Prólogo del Evangelio de san Juan, el significado más profundo del Nacimiento de Jesús. Él es la Palabra de Dios que se hizo hombre y puso su «tienda», su morada entre los hombres. Escribe el evangelista: «El Verbo se hizo carne y habitó entre nosotros» (*Jn* 1, 14). En estas palabras, que no dejan de asombrarnos, está todo el cristianismo.

Dios se hizo mortal, frágil como nosotros, compartió nuestra condición humana, excepto en el pecado, pero cargó sobre sí mismo los nuestros, como si fuesen propios. Entró en nuestra historia, llegó a ser plenamente Dios-con-nosotros. El nacimiento de Jesús, entonces, nos muestra que Dios quiso unirse a cada hombre y a cada mujer, a cada uno de nosotros, para comunicarnos su vida y su alegría.

Así Dios es Dios con nosotros, Dios que nos ama, Dios que camina con nosotros. Este es el mensaje de Navidad: el Verbo se hizo carne. De este modo la Navidad nos revela el amor inmenso de Dios por la humanidad. De aquí se deriva también el entusiasmo, nuestra esperanza de cristianos, que en nuestra pobreza sabemos que somos amados, visitados y acompañados por Dios; y miramos al mundo y a la historia como el lugar donde caminar juntos con Él y entre nosotros, hacia los cielos nuevos y la tierra nueva. Con el nacimiento de Jesús nació

21

una promesa nueva, nació un mundo nuevo, pero también un mundo que puede ser siempre renovado.

Dios siempre está presente para suscitar hombres nuevos, para purificar el mundo del pecado que lo envejece, del pecado que lo corrompe. En lo que la historia humana y la historia personal de cada uno de nosotros pueda estar marcada por dificultades y debilidades, la fe en la Encarnación nos dice que Dios es solidario con el hombre y con su historia. Esta proximidad de Dios al hombre, a cada hombre, a cada uno de nosotros, es un don que no se acaba jamás. ¡Él está con nosotros! ¡Él es Dios con nosotros! He aquí el gozoso anuncio de la Navidad: la luz divina, que inundó el corazón de la Virgen María y de san José, y guio los pasos de los pastores y de los magos, brilla también hoy para nosotros.

En el misterio de la Encarnación del Hijo de Dios hay también un aspecto vinculado con la libertad humana, con la libertad de cada uno de nosotros. En efecto, el Verbo de Dios pone su tienda entre nosotros, pecadores y necesitados de misericordia. Y todos nosotros deberíamos apresurarnos a recibir la gracia que Él nos ofrece. En cambio, continúa el Evangelio de san Juan, «los suyos no lo recibieron» (v. 11).

Incluso nosotros muchas veces lo rechazamos, preferimos permanecer en la cerrazón de nuestros errores y en la angustia de nuestros pecados. Pero Jesús no desiste y no deja de ofrecerse a sí mismo y ofrecer su gracia que nos salva. Jesús es paciente, Jesús sabe esperar, nos espera siempre. Esto es un mensaje de esperanza, un mensaje de salvación, antiguo y siempre nuevo. Y nosotros estamos llamados a testimoniar con alegría este mensaje del Evangelio de la vida, del Evangelio de la luz, de la esperanza y del amor. Porque el mensaje de Jesús es éste: vida, luz, esperanza y amor.

—Discurso del Ángelus, Plaza de San Pedro, 5 de enero de 2014

LA TERNURA DE DIOS
Lucas 2, 9. 12

«El pueblo que caminaba en tinieblas vio una luz grande; habitaban tierras de sombras y una luz les brilló» (*Is* 9, 1).

La profecía de Isaías anuncia la aparición de una gran luz que disipa la oscuridad. Esa luz nació en Belén y fue recibida por las manos tiernas de María, por el cariño de José, por el asombro de los pastores. Cuando los ángeles anunciaron a los pastores el nacimiento del Redentor, lo hicieron con estas palabras: «Y aquí tenéis la señal: encontraréis un niño envuelto en pañales y acostado en un pesebre» (*Lc* 2, 12).

La «señal» es precisamente la humildad de Dios, la humildad de Dios llevada hasta el extremo; es el amor con el que, aquella noche, asumió nuestra fragilidad, nuestros sufrimientos, nuestras angustias, nuestros anhelos y nuestras limitaciones. El mensaje que todos esperaban, que buscaban en lo más profundo de su alma, no era otro que la ternura de Dios: Dios que nos mira con ojos llenos de afecto, que acepta nuestra miseria, Dios enamorado de nuestra pequeñez.

Esta noche santa, en la que contemplamos al Niño Jesús apenas nacido y acostado en un pesebre, nos invita a reflexionar. ¿Cómo acogemos la ternura de Dios? ¿Me dejo alcanzar por él, me dejo abrazar por él, o le impido que se acerque? «Pero si yo busco al Señor» —podríamos responder—. Sin embargo, lo más importante no es buscarlo, sino dejar que sea él quien me busque, quien me encuentre y me acaricie con cariño. Esta es la pregunta que el Niño nos hace con su sola presencia: ¿permito a Dios que me quiera?

Y más aún: ¿tenemos el coraje de acoger con ternura las situaciones difíciles y los problemas de quien está a nuestro lado, o bien preferimos soluciones impersonales, quizás eficaces pero sin el calor del Evangelio? ¡Cuánta necesidad de ternura tiene el mundo de hoy! Paciencia de Dios, cercanía de Dios, ternura de Dios.

La respuesta del cristiano no puede ser más que aquella que Dios da a nuestra pequeñez. La vida tiene que ser vivida con bondad, con mansedumbre. Cuando nos damos cuenta de que Dios está enamorado de nuestra pequeñez, que él mismo se hace pequeño para propiciar el encuentro con nosotros, no podemos no abrirle nuestro corazón y suplicarle: «Señor, ayúdame a ser como tú, dame la gracia de la ternura en las circunstancias más duras de la vida; concédeme la gracia de la cercanía en las necesidades de los demás, de la humildad en cualquier conflicto».

—Homilía, Basílica de San Pedro, Misa de medianoche, Solemnidad de la Natividad del Señor, 24 de diciembre de 2014

JESÚS VIENE A NUESTRO ENCUENTRO
Lucas 2, 22-40

La fiesta de la Presentación de Jesús en el templo es llamada también fiesta del *encuentro*: en la liturgia, se dice al inicio que Jesús va al encuentro de su pueblo, es el encuentro *entre Jesús y su pueblo*; cuando María y José llevaron a su niño al Templo de Jerusalén, tuvo lugar el primer encuentro entre Jesús y su pueblo, representado por los dos ancianos Simeón y Ana.

Ese fue un encuentro en el seno de la historia del pueblo, un encuentro entre los jóvenes y los ancianos: los jóvenes eran María y José, con su recién nacido; y los ancianos eran Simeón y Ana, dos personajes que frecuentaban siempre el Templo.

Observemos lo que el evangelista Lucas nos dice de ellos, cómo les describe. De la Virgen y san José repite cuatro veces que *querían cumplir lo que estaba prescrito por la Ley del Señor* (cf. *Lc* 2, 22. 23. 24. 27). Se entiende, casi se percibe, que los padres de Jesús tienen la alegría de observar los preceptos de Dios, sí, la alegría de caminar en la Ley del Señor. Son dos recién casados, apenas han tenido a su niño, y están totalmente animados por el deseo de realizar lo que está prescrito. Esto no es un hecho exterior, no es para sentirse bien, ¡no! Es un deseo fuerte, profundo, lleno de alegría. Es lo que dice el Salmo: «Mi alegría es el camino de tus preceptos... Tu ley será mi delicia» (119, 14. 77).

¿Y qué dice san Lucas de los ancianos? Destaca más de una vez que *eran conducidos por el Espíritu Santo*. De Simeón afirma que era un hombre justo y piadoso, que aguardaba el consuelo de Israel, y que «el Espíritu Santo estaba con él» (2, 25); dice que «el Espíritu Santo le había revelado» que antes de morir vería al Cristo, al Mesías (v. 26); y por último que fue al Templo «impulsado por el Espíritu» (v. 27). De Ana dice luego que era una «profetisa» (v. 36), es decir, inspirada por Dios; y que estaba siempre en el Templo «sirviendo a Dios con ayunos y oraciones» (v. 37). En definitiva, estos dos ancianos están llenos de vida. Están llenos de vida porque están animados por el Espíritu Santo, dóciles a su acción, sensibles a sus peticiones...

He aquí el encuentro entre la Sagrada Familia y estos dos representantes del pueblo santo de Dios. En el centro está Jesús. Es Él quien mueve a todos, quien atrae a unos y a otros al Templo, que es la casa de su Padre.

Es un encuentro entre los jóvenes llenos de alegría al cumplir la Ley del Señor y los ancianos llenos de alegría por la acción del Espíritu Santo. Es *un singular encuentro entre observancia y profecía*, donde los jóvenes son los observantes y los ancianos son los profetas. En realidad, si reflexionamos bien, la observancia de la Ley está animada por el Espíritu mismo, y la profecía se mueve por la senda trazada por la Ley. ¿Quién está más lleno del Espíritu Santo que María? ¿Quién es más dócil que ella a su acción?...

Hace bien a los ancianos comunicar la sabiduría a los jóvenes; y hace bien a los jóvenes recoger este patrimonio de experiencia y de sabiduría, y llevarlo adelante, no para custodiarlo en un museo, sino para llevarlo adelante afrontando los desafíos que la vida nos presenta, llevarlo adelante por el bien de las respectivas familias religiosas y de toda la Iglesia.

Que la gracia de este misterio, el misterio del encuentro, nos ilumine y nos consuele en nuestro camino. Amén.

—Homilía, Basílica de San Pedro, Fiesta de la Presentación,
2 de febrero de 2014

BUSQUEMOS LA LUZ
MATEO 2, 1-12

«*Lumen requirunt lumine*». Esta sugerente expresión de un himno litúrgico de la Epifanía se refiere a la experiencia de los Magos: siguiendo una luz, buscan la Luz. La estrella que aparece en el cielo enciende en su mente y en su corazón una luz que los lleva a buscar la gran Luz de Cristo. Los Magos siguen fielmente aquella luz que los ilumina interiormente y encuentran al Señor.

En este recorrido que hacen los Magos de Oriente está simbolizado el destino de todo hombre: nuestra vida es un camino, iluminado por luces que nos permiten entrever el sendero, hasta encontrar la plenitud de la verdad y del amor, que nosotros cristianos reconocemos en Jesús, Luz del mundo. Y todo hombre, como los Magos, tiene a disposición dos grandes "libros" de los que sacar los signos para orientarse en su peregrinación: el libro de la creación y el libro de las Sagradas Escrituras. Lo importante es estar atentos, vigilantes, escuchar a Dios que nos habla, siempre nos habla. Como dice el Salmo, refiriéndose a la Ley del Señor: «Lámpara es tu palabra para mis pasos, luz en mi sendero» (Sal 119,105). Sobre todo, escuchar el Evangelio, leerlo, meditarlo y convertirlo en alimento espiritual nos permite encontrar a Jesús vivo, y experimentarlo a Él y a su amor.

...Nos dice el Evangelio que los Magos, cuando llegaron a Jerusalén, de momento perdieron de vista la estrella. No la veían. En especial, su luz falta en el palacio del rey Herodes: aquella mansión es tenebrosa, en ella reinan la oscuridad, la desconfianza, el miedo, la envidia. De hecho, Herodes se muestra receloso e inquieto por el nacimiento de un frágil Niño, al que ve como un rival. En realidad, Jesús no ha venido a derrocarlo a él, ridículo fantoche, sino al Príncipe de este mundo.

Sin embargo, el rey y sus consejeros sienten que el entramado de su poder se resquebraja, temen que cambien las reglas de juego, que las apariencias queden desenmascaradas. Todo un mundo edificado sobre el poder, el prestigio, el tener, la corrupción, entra en crisis por un Niño. Y Herodes llega incluso a matar a los niños: «Tú matas el cuerpo de los niños, porque el temor te ha matado a ti el corazón», escribe san Quodvultdeus (*Sermón 2 sobre el Símbolo*: PL 40, 655). Es así: tenía temor, y por este temor pierde el juicio.

Los Magos consiguieron superar aquel momento crítico de oscuridad en el palacio de Herodes, porque creyeron en las Escrituras, en la palabra de los profetas que señalaba Belén como el lugar donde había de nacer el Mesías. Así escaparon al letargo de la noche del mundo, reemprendieron su camino y de pronto vieron nuevamente la estrella, y el Evangelio dice que se llenaron de «inmensa alegría» (*Mt* 2, 10). Esa estrella que no se veía en la oscuridad de la mundanidad de aquel palacio.

Un aspecto de la luz que nos guía en el camino de la fe es también la santa "astucia". Es también una virtud, la santa "astucia". Se trata de esa sagacidad espiritual que nos permite reconocer los peligros y evitarlos. Los Magos supieron usar esta luz de "astucia" cuando, de regreso a su tierra, decidieron no pasar por el palacio tenebroso de Herodes, sino marchar por otro camino. Estos sabios venidos de Oriente nos enseñan a no caer en las asechanzas de las tinieblas y a defendernos de la oscuridad que pretende cubrir nuestra vida. Ellos, con esta santa "astucia", han protegido la fe.

Y también nosotros debemos proteger la fe. Protegerla de esa oscuridad. Esa oscuridad que a menudo se disfraza incluso de luz. Porque el demonio, dice san Pablo, muchas veces se viste de ángel de luz [2 Corintios 11, 14]. Y entonces es necesaria la santa "astucia", para proteger la fe, protegerla de los cantos de las sirenas, que te dicen: «Mira, hoy debemos hacer esto, aquello…» Pero la fe es una gracia, es un don. Y a nosotros nos corresponde protegerla con la santa "astucia", con la oración, con el amor, con la caridad. Es necesario acoger en nuestro corazón la luz de Dios y, al mismo tiempo, practicar aquella astucia espiritual que sabe armonizar la sencillez con la sagacidad, como Jesús pide a sus discípulos: «Sean sagaces como serpientes y simples como palomas» (*Mt* 10,16).

En esta fiesta de la Epifanía, que nos recuerda la manifestación de Jesús a la humanidad en el rostro de un Niño, sintamos cerca a los Magos, como sabios compañeros de camino. Su ejemplo nos anima a levantar los ojos a la estrella y a seguir los grandes deseos de nuestro corazón.

Y nos enseñan a no dejarnos engañar por las apariencias, por aquello que para el mundo es grande, sabio, poderoso. No nos podemos quedar ahí. Es necesario proteger la fe. Es muy importante en este tiempo: proteger la fe. Tenemos que ir más allá, más allá de la oscuridad, más allá de la atracción del canto de las sirenas, más allá de la mundanidad, más allá de tantas modernidades que existen hoy, ir hacia Belén, allí donde en la sencillez de una casa de la periferia, entre una mamá y un papá llenos de amor y de fe, resplandece el Sol que nace de lo alto, el Rey del universo. A ejemplo de los Magos, con nuestras pequeñas luces busquemos la Luz y protejamos la fe. Así sea.

—Homilía, Basílica de San Pedro, Solemnidad de la Epifanía,
6 de enero de 2014

ACOJAMOS A JESÚS EN LA FAMILIA
Lucas 2, 19. 51-52

La Encarnación del Hijo de Dios abre un nuevo inicio en la historia universal del hombre y la mujer. Y este nuevo inicio tiene lugar en el seno de una familia, en Nazaret. Jesús nació en una familia. Él podía llegar de manera espectacular, o como un guerrero, un emperador... No, no: viene como un hijo de familia. Esto es importante: contemplar en el belén esta escena tan hermosa.

Dios eligió nacer en una familia humana, que Él mismo formó. La formó en un poblado perdido de la periferia del Imperio Romano. No en Roma, que era la capital del Imperio, no en una gran ciudad, sino en una periferia casi invisible, más bien con mala fama. Lo recuerdan también los Evangelios, casi como un modo de decir: «¿De Nazaret puede salir algo bueno?» (*Jn* 1, 46). Tal vez, en muchas partes del mundo, nosotros mismos aún hablamos así, cuando oímos el nombre de algún sitio periférico de una gran ciudad. Sin embargo, precisamente allí, en esa periferia del gran Imperio, inició la historia más santa y más buena, la de Jesús entre los hombres. Y allí se encontraba esta familia.

Jesús permaneció en esa periferia durante treinta años. El evangelista Lucas resume este período así: Jesús «estaba sujeto a ellos [es decir a María y a José]». Y uno podría decir: «Pero este Dios que viene a salvarnos, ¿perdió treinta años allí, en esa periferia de mala fama?». ¡Perdió treinta años! Él quiso esto. El camino de Jesús estaba en esa familia. «Su madre conservaba todo esto en su corazón. Y Jesús iba creciendo en sabiduría, en estatura y en gracia ante Dios y ante los hombres» (2, 51-52).

No se habla de milagros o curaciones, de predicaciones —no hizo nada de ello en ese período—, de multitudes que acudían a Él. En Nazaret todo parece suceder «normalmente», según las costumbres de una piadosa y trabajadora familia israelita: se trabajaba, la mamá cocinaba, hacía todas las cosas de la casa, planchaba las camisas... todas las cosas de mamá. El papá, carpintero, trabajaba, enseñaba al hijo a trabajar. Treinta años. «¡Pero que desperdicio, padre!» Los caminos de Dios son misteriosos. Lo que allí era importante era la familia. Y eso no era un desperdicio. Eran grandes santos: María, la mujer más santa, inmaculada, y José, el hombre más justo... La familia.

Ciertamente que nos enterneceríamos con el relato acerca del modo en que Jesús adolescente afrontaba las citas de la comunidad religiosa y los deberes de la vida social; al conocer cómo, siendo joven obrero, trabajaba con José; y luego su modo de participar en la escucha de las Escrituras, en la oración de los salmos y en muchas otras costumbres de la vida cotidiana. Los Evangelios, en su sobriedad, no relatan nada acerca de la adolescencia de Jesús y dejan esta tarea a nuestra afectuosa meditación.

El arte, la literatura, la música recorrieron esta senda de la imaginación. Ciertamente, no se nos hace difícil imaginar cuánto podrían aprender las madres de las atenciones de María hacia ese Hijo. Y cuánto los padres podrían obtener del ejemplo de José, hombre justo, que dedicó su vida en sostener y defender al niño y a su esposa —su familia— en los momentos difíciles. Por no decir cuánto podrían ser alentados los jóvenes por Jesús adolescente en comprender la necesidad y la belleza de cultivar su vocación más profunda, y de soñar a lo grande. Jesús cultivó en esos treinta años su vocación para la cual lo envió el Padre. Y Jesús jamás, en ese tiempo, se desalentó, sino que creció en valentía para seguir adelante con su misión.

Cada familia cristiana —como hicieron María y José—, ante todo, puede acoger a Jesús, escucharlo, hablar con Él, custodiarlo, protegerlo, crecer con Él; y así mejorar el mundo. Hagamos espacio al Señor en nuestro corazón y en nuestras jornadas. Así hicieron también María y José, y no fue fácil: ¡cuántas dificultades tuvieron que superar! No era una familia artificial, no era una familia irreal. La familia de Nazaret nos compromete a redescubrir la vocación y la misión de la familia, de cada familia. Y, como sucedió en esos treinta años en Nazaret, así puede suceder también para nosotros: convertir en algo normal el amor y no el odio, convertir en algo común la ayuda mutua, no la indiferencia o la enemistad.

No es una casualidad, entonces, que «Nazaret» signifique «Aquella que custodia», como María, que —dice el Evangelio— «conservaba todas estas cosas en su corazón» (cf. *Lc* 2, 19.51). Desde entonces, cada vez que hay una familia que custodia este misterio, incluso en la periferia del mundo, se realiza el misterio del Hijo de Dios, el misterio de Jesús que viene a salvarnos, que viene para salvar al mundo. Y esta es la gran misión de la familia: dejar sitio a Jesús que viene, acoger a Jesús en la familia, en la persona de los hijos, del marido, de la esposa, de los abuelos... Jesús está allí. Acogerlo allí, para que crezca espiritualmente en esa familia.

—Audiencia General, Plaza de San Pedro,
17 de diciembre de 2014

SE RASGAN LOS CIELOS
MARCOS 1, 7-11

En el momento en que Juan Bautista confiere el bautismo a Jesús, *el cielo se abre*. «Apenas salió del agua —dice san Marcos—, vio rasgarse los cielos» (1, 10). Vuelve a la memoria la dramática súplica del profeta Isaías: «¡Ojalá rasgases el cielo y descendieses!» (*Is* 63, 19). Esta invocación fue escuchada en el acontecimiento del Bautismo de Jesús. Y de este modo termina el tiempo de los «cielos cerrados», que indican la separación entre Dios y el hombre, consecuencia del pecado. El pecado nos aleja de Dios e interrumpe el vínculo entre la tierra y el cielo, determinando así nuestra miseria y el fracaso de nuestra vida. Los cielos abiertos indican que Dios ha donado su gracia para que la tierra dé su fruto (cf. *Sal* 85, 13)...

Con el Bautismo de Jesús no sólo se rasgan los cielos, sino que Dios habla nuevamente haciendo *resonar su voz*: «Tú eres mi Hijo amado, en ti me complazco» (*Mc* 1, 11). La voz del Padre proclama el misterio que se oculta en el Hombre bautizado por el Precursor.

Y luego la venida del *Espíritu Santo*, en forma de paloma: esto permite al Cristo, el Consagrado del Señor, inaugurar su misión, que es nuestra salvación. El Espíritu Santo: el gran olvidado en nuestras oraciones. Nosotros a menudo rezamos a Jesús; rezamos al Padre, especialmente en el «Padrenuestro»; pero no muy frecuentemente rezamos al Espíritu Santo, ¿es verdad? Es el olvidado. Y necesitamos pedir su ayuda, su fortaleza, su inspiración.

El Espíritu Santo que animó totalmente la vida y el ministerio de Jesús, es el mismo Espíritu que hoy guía la vida cristiana, la existencia de un hombre y de una mujer que se dicen y quieren ser cristianos. Poner bajo la acción del Espíritu Santo nuestra vida de cristianos y la misión, que todos recibimos en virtud del Bautismo, significa volver a encontrar la valentía apostólica necesaria para superar fáciles comodidades mundanas. En cambio, un cristiano y una comunidad «sordos» a la voz del Espíritu Santo, que impulsa a llevar el Evangelio a los extremos confines de la tierra y de la sociedad, llegan a ser también un cristiano y una comunidad «mudos» que no hablan y no evangelizan.

Recordad esto: rezar con frecuencia al Espíritu Santo para que nos ayude, nos dé fuerza, nos dé la inspiración y nos haga ir adelante.

—Discurso del Ángelus, Plaza de San Pedro,
Fiesta del Bautismo del Señor, 11 de enero de 2015

¡MIREN, ESE ES EL CORDERO DE DIOS!
JUAN 1, 29-34

El Evangelio nos presenta la escena del encuentro entre Jesús y Juan el Bautista, a orillas del río Jordán. Quien lo relata es el testigo ocular, Juan evangelista, quien antes de ser discípulo de Jesús era discípulo del Bautista, junto a su hermano Santiago, con Simón y Andrés, todos de Galilea, todos pescadores.

El Bautista, por lo tanto, ve a Jesús que avanza entre la multitud e, inspirado desde lo alto, reconoce en Él al enviado de Dios, por ello lo indica con estas palabras: «Este es el Cordero de Dios, que quita el pecado del mundo» (*Jn* 1, 29).

El verbo que se traduce con «quita» significa literalmente «aliviar», «tomar sobre sí». Jesús vino al mundo con una misión precisa: liberarlo de la esclavitud del pecado, cargando sobre sí las culpas de la humanidad. ¿De qué modo? Amando. No hay otro modo de vencer el mal y el pecado si no es con el amor que impulsa al don de la propia vida por los demás. En el testimonio de Juan el Bautista, Jesús tiene los rasgos del Siervo del Señor, que «soportó nuestros sufrimientos y aguantó nuestros dolores» (*Is* 53, 4), hasta morir en la cruz. Él es el verdadero cordero pascual, que se sumerge en el río de nuestro pecado, para purificarnos.

El Bautista ve ante sí a un hombre que hace la fila con los pecadores para hacerse bautizar, incluso sin tener necesidad. Un hombre que Dios mandó al mundo como cordero inmolado. En el Nuevo Testamento el término «cordero» se le encuentra en más de una ocasión, y siempre en relación a Jesús. Esta imagen del cordero podría asombrar. En efecto, un animal que no se caracteriza ciertamente por su fuerza y robustez si carga en sus propios hombros un peso tan inaguantable. La masa enorme del mal es quitada y llevada por una criatura débil y frágil, símbolo de obediencia, docilidad y amor indefenso, que llega hasta el sacrificio de sí mismo. El cordero no es un dominador, sino que es dócil; no es agresivo, sino pacífico; no muestra las garras o los dientes ante cualquier ataque, sino que soporta y es dócil. Y así es Jesús. Así es Jesús, como un cordero.

¿Qué significa para la Iglesia, para nosotros, hoy, ser discípulos de Jesús Cordero de Dios? Significa poner en el sitio de la malicia, la inocencia; en el lugar de la fuerza, el amor; en el lugar de la soberbia, la humildad; en el lugar del prestigio, el servicio. Es un buen trabajo. Nosotros, cristianos, debemos hacer esto: poner en el lugar de la malicia, la inocencia, en el lugar de la fuerza, el amor, en el lugar de la soberbia, la humildad, en el lugar del prestigio el servicio. Ser discípulos del Cordero no significa vivir como una «ciudadela asediada», sino como una ciudad ubicada en el monte, abierta, acogedora y solidaria. Quiere decir no asumir actitudes de cerrazón, sino proponer el Evangelio a todos, testimoniando con nuestra vida que seguir a Jesús nos hace más libres y más alegres.

—Discurso del Ángelus, Plaza de San Pedro, 19 de enero de 2014

LA PALABRA DE DIOS ES NUESTRA DEFENSA
MATEO 4, 1-11

El Espíritu Santo, que descendió sobre Él [Jesús] después del bautismo en el Jordán, lo llevó a afrontar abiertamente a Satanás en el desierto, durante cuarenta días, antes de iniciar su misión pública.

El tentador busca apartar a Jesús del proyecto del Padre, o sea, de la senda del sacrificio, del amor que se ofrece a sí mismo en expiación, para hacerle seguir un camino fácil, de éxito y de poder. El duelo entre Jesús y Satanás tiene lugar a golpes de citas de la Sagrada Escritura. El diablo, en efecto, para apartar a Jesús del camino de la cruz, le hace presente las falsas esperanzas mesiánicas: el bienestar económico, indicado por la posibilidad de convertir las piedras en pan; el estilo espectacular y milagrero, con la idea de tirarse desde el punto más alto del templo de Jerusalén y hacer que los ángeles le salven; y, por último, el atajo del poder y del dominio, a cambio de un acto de adoración a Satanás. Son los tres grupos de tentaciones: también nosotros los conocemos bien.

Jesús rechaza decididamente todas estas tentaciones y ratifica la firme voluntad de seguir la senda establecida por el Padre, sin compromiso alguno con el pecado y con la lógica del mundo. Mirad bien cómo responde Jesús. Él no dialoga con Satanás, como había hecho Eva en el paraíso terrenal. Jesús sabe bien que con Satanás no se puede dialogar, porque es muy astuto. Por ello, Jesús, en lugar de dialogar como había hecho Eva, elige refugiarse en la Palabra de Dios y responde con la fuerza de esta Palabra. Acordémonos de esto: en el momento de la tentación, de nuestras tentaciones, nada de diálogo con Satanás, sino siempre defendidos por la Palabra de Dios. Y esto nos salvará.

En sus respuestas a Satanás, el Señor, usando la Palabra de Dios, nos recuerda, ante todo, que «no sólo de pan vive el hombre, sino de toda palabra que sale de la boca de Dios» (*Mt* 4, 4; cf. *Dt* 8, 3); y esto nos da fuerza, nos sostiene en la lucha contra la mentalidad mundana que abaja al hombre al nivel de las necesidades primarias, haciéndole perder el hambre de lo que es verdadero, bueno y bello, el hambre de Dios y de su amor. Recuerda, además, que «está escrito también: "No tentarás al Señor, tu Dios"» (v. 7), porque el camino de la fe pasa también a través de la oscuridad, la duda, y se alimenta de paciencia y de espera perseverante. Jesús recuerda, por último, que «está escrito: "Al Señor, tu Dios, adorarás y a Él sólo darás culto"» (v. 10); o sea, debemos deshacernos de los ídolos, de las cosas vanas, y construir nuestra vida sobre lo esencial.

Estas palabras de Jesús encontrarán luego confirmación concreta en sus acciones. Su fidelidad absoluta al designio de amor del Padre lo conducirá, después de casi tres años, a la rendición final de cuentas con el «príncipe de este mundo» (*Jn* 16, 11), en la hora de la pasión y de la cruz, y allí Jesús reconducirá su victoria definitiva, la victoria del amor.

—DISCURSO DEL ÁNGELUS, PLAZA DE SAN PEDRO,
9 DE MARZO DE 2014

EL EVANGELIO ES PALABRA DE VIDA
MARCOS 1, 21-28

El pasaje evangélico de este domingo (cf. *Mc* 1, 21-28) presenta a Jesús que, con su pequeña comunidad de discípulos, entra en Cafarnaún, la ciudad donde vivía Pedro y que en esa época era la más grande de Galilea. Y Jesús entró en esa ciudad.

El evangelista san Marcos relata que Jesús, al ser sábado, fue inmediatamente a la sinagoga y comenzó a enseñar (cf. v. 21). Esto hace pensar en el primado de la Palabra de Dios, Palabra que se debe escuchar, Palabra que se debe acoger, Palabra que se debe anunciar. Al llegar a Cafarnaún, Jesús no posterga el anuncio del Evangelio, no piensa en primer lugar en la ubicación logística, ciertamente necesaria, de su pequeña comunidad, no se demora con la organización. Su preocupación principal es comunicar la Palabra de Dios con la fuerza del Espíritu Santo. Y la gente en la sinagoga queda admirada, porque Jesús «les enseñaba con autoridad y no como los escribas» (v. 22).

¿Qué significa «con autoridad»? Quiere decir que en las palabras humanas de Jesús se percibía toda la fuerza de la Palabra de Dios, se percibía la autoridad misma de Dios, inspirador de las Sagradas Escrituras. Y una de las características de la Palabra de Dios es que realiza lo que dice. Porque la Palabra de Dios corresponde a su voluntad. En cambio, nosotros, a menudo, pronunciamos palabras vacías, sin raíz o palabras superfluas, palabras que no corresponden con la verdad. En cambio, la Palabra de Dios corresponde a la verdad, está unida a su voluntad y realiza lo que dice.

En efecto, Jesús, tras predicar, muestra inmediatamente su autoridad liberando a un hombre, presente en la sinagoga, que estaba poseído por el demonio (cf. *Mc* 1, 23-26). Precisamente la autoridad divina de Cristo había suscitado la reacción de Satanás, oculto en ese hombre; Jesús, a su vez, reconoció inmediatamente la voz del maligno y le «ordenó severamente: "Cállate y sal de él"» (v. 25). Con la sola fuerza de su palabra, Jesús libera a la persona del maligno. Y una vez más los presentes quedan asombrados: «Incluso manda a los espíritus inmundos y le obedecen» (v. 27). La Palabra de Dios crea asombro en nosotros. Tiene el poder de asombrarnos.

El Evangelio es palabra de vida: no oprime a las personas, al contrario, libera a quienes son esclavos de muchos espíritus malignos de este mundo: el espíritu de la vanidad, el apego al dinero, el orgullo, la sensualidad... El Evangelio cambia el corazón, cambia la vida, transforma las inclinaciones al mal en propósitos de bien. El Evangelio es capaz de cambiar a las personas. Por lo tanto, es tarea de los cristianos difundir por doquier la fuerza redentora, convirtiéndose en misioneros y heraldos de la Palabra de Dios. Nos lo sugiere también el pasaje de hoy que concluye con una apertura misionera y dice así: «Su fama —la fama de Jesús— se extendió enseguida por todas partes, alcanzando la comarca entera de Galilea» (v. 28). La nueva doctrina enseñada con autoridad por Jesús es la que la Iglesia lleva al mundo, juntamente con los signos eficaces de su presencia: la enseñanza autorizada y la acción liberadora del Hijo de Dios se convierten en palabras de salvación y gestos de amor de la Iglesia misionera.

Recordad siempre que el Evangelio tiene la fuerza de cambiar la vida. No os olvidéis de esto. Se trata de la Buena Noticia, que nos transforma sólo cuando nos dejamos transformar por ella. Por eso os pido siempre tener un contacto cotidiano con el Evangelio, leerlo cada día, un trozo, un pasaje, meditarlo y también llevarlo con vosotros adondequiera que vayáis: en el bolsillo, en la cartera... Es decir, nutrirse cada día en esta fuente inagotable de salvación. ¡No os olvidéis! Leed un pasaje del Evangelio cada día. Es la fuerza que nos cambia, que nos transforma: cambia la vida, cambia el corazón.

—Discurso del Ángelus, Plaza de San Pedro,
1 de febrero de 2015

"¡SANA ESTA HERIDA, SEÑOR!"
MACOS 1, 29-39

Así era la vida de Jesús: "Andaba por toda Galilea, anunciando el mensaje en las sinagogas de cada lugar y expulsando demonios" (Marcos 1, 39). Jesús el que enseña y Jesús el que sana. Así era todo el día: predicando a la gente, enseñando la ley, enseñando el evangelio. Y la gente lo buscaba para escucharlo y también porque sanaba a los enfermos. "Al anochecer, cuando ya se había puesto el sol, llevaron todos los enfermos y endemoniados... Jesús sanó de toda clase de enfermedades a mucha gente, y expulsó muchos demonios" (1, 32. 34)...

Podemos preguntarnos si le permitimos a Jesús que nos predique. Cada uno de nosotros: "¿Permito que Jesús me predique, o yo lo sé todo? ¿Escucho a Jesús o prefiero escuchar algo más, tal vez los chismes o las historias de la gente?" Escuchar a Jesús. Escuchar la predicación de Jesús. "¿Padre, cómo puedo hacer esto?" ¿En cuál canal de televisión habla Jesús?" ¡Él te habla en el Evangelio! Y esta es una actitud que aún no tenemos: buscar la palabra de Jesús en el Evangelio. La de siempre llevar el Evangelio con nosotros, uno pequeño, o tener uno al alcance de la mano. Cinco minutos, diez minutos. Cuando estoy viajando o cuando tengo que esperar, saco el Evangelio de mi bolsillo, o de mi bolso y leo algo; o en la casa. Conforme Jesús me habla, Jesús me predica.

Es la palabra de Jesús. Y debemos acostumbrarnos a esto: a escuchar la palabra de Jesús, a escuchar la palabra de Jesús en el Evangelio. A leer un pasaje, a meditar un poco en lo que dice, en qué me está diciendo a mí. Si no siento que me esté hablando, busco otro. Pero tener este contacto diario con el Evangelio, orar con el Evangelio; es la forma en la que Jesús me predica, Él dice con el Evangelio lo que quiere decirme. Conozco gente que siempre lo lleva con ellos, y cuando tienen un pequeño momento, lo abren, y esta es la forma en la que siempre encuentran la palabra correcta para el momento que están viviendo. Esta es la primera cosa que quería decirles: permitan que el Señor les predique. Escuchen al Señor.

Y Jesús sana: permitan que Jesús los sane. Todos tenemos heridas, todos: heridas espirituales, pecados, hostilidad, celos; tal vez no saludamos a alguien: "Ah, esta persona me hizo esto, no la voy a saludar más." ¡Pero esto necesita ser sanado! "¿Cómo lo hago?" Ora y pídele a Jesús que lo sane. Es triste que en una familia los hermanos no se hablen entre ellos por un asunto pequeño, porque el diablo toma un asunto pequeño y lo convierte en un gran problema. Las hostilidades continúan, a veces por muchos años, y la familia se destruye. Los padres sufren porque sus hijos no se hablan unos a otros, o la esposa de uno de los hijos no le habla a la otra, y así, con los celos, la envidia... El diablo siembra estas cosas. Y el Único que expulsa los demonios es Jesús. El Único que sana estas heridas es Jesús. Por esta razón les digo a cada uno de ustedes: permitan que Jesús los sane.

Cada uno sabe cuáles son sus heridas. Cada uno de nosotros las tiene; no tenemos solo una: dos, tres, cuatro, veinte. ¡Cada quien sabe! Permitan que Jesús sane estas heridas. Pero para esto debo abrir mi corazón, para que Él venga. ¿Cómo abro mi corazón? Orando. "Pero Señor, no puedo con aquellas personas que están allá. Los odio. Me hicieron esto, esto y aquello…" "Sana esta herida, Señor." Si le pedimos a Jesús su gracia, él lo hará.

Permítete ser sanado por Jesús. Permite que Jesús te sane. Permite que Jesús te predique y te sane. De esta manera puedo predicar a otros, puedo enseñar a otros las palabras de Jesús, porque le permito que me predique; y también puedo ayudar a sanar muchas heridas, las muchas heridas que hay. Pero primero debo hacerlo: permitirle a Él que me predique y que me sane.

—Discurso, Visita pastoral a la Parroquia romana de san Miguel Arcángel, Pietralta, 8 de febrero de 2015

NADIE ESTÁ EXCLUIDO DE LA SALVACIÓN
MATEO 4, 12-23

El Evangelio de este domingo relata los inicios de la vida pública de Jesús en las ciudades y en los poblados de Galilea. Su misión no parte de Jerusalén, es decir, del centro religioso, centro incluso social y político, sino que parte de una zona periférica, una zona despreciada por los judíos más observantes, con motivo de la presencia en esa región de diversas poblaciones extranjeras; por ello el profeta Isaías la llama «Galilea de los gentiles» (*Is* 8, 23).

Es una tierra de frontera, una zona de tránsito donde se encuentran personas de diversas razas, culturas y religiones. La Galilea se convierte así en el lugar simbólico para la apertura del Evangelio a todos los pueblos. Desde este punto de vista, Galilea se asemeja al mundo de hoy: presencia simultánea de diversas culturas, necesidad de confrontación y necesidad de encuentro. También nosotros estamos inmersos cada día en una «Galilea de los gentiles», y en este tipo de contexto podemos asustarnos y ceder a la tentación de construir recintos para estar más seguros, más protegidos. Pero Jesús nos enseña que la Buena Noticia, que Él trae, no está reservada a una parte de la humanidad, sino que se ha de comunicar a todos. Es un feliz anuncio destinado a quienes lo esperan, pero también a quienes tal vez ya no esperan nada y no tienen ni siquiera la fuerza de buscar y pedir.

Partiendo de Galilea, Jesús nos enseña que nadie está excluido de la salvación de Dios, es más, que Dios prefiere partir de la periferia, de los últimos, para alcanzar a todos. Nos enseña un método, su método, que expresa el contenido, es decir, la misericordia del Padre. «Cada cristiano y cada comunidad discernirá cuál es el camino que el Señor le pide, pero todos somos invitados a aceptar este llamado: salir de la propia comodidad y atreverse a llegar a todas las periferias que necesitan la luz del Evangelio» (Exhort. ap. *Evangelii gaudium*, 20).

Jesús comienza su misión no sólo desde un sitio descentrado, sino también con hombres que se catalogarían, así se puede decir, «de bajo perfil». Para elegir a sus primeros discípulos y futuros apóstoles, no se dirige a las escuelas de los escribas y doctores de la Ley, sino a las personas humildes y a las personas sencillas, que se preparan con diligencia para la venida del reino de Dios. Jesús va a llamarles allí donde trabajan, a orillas del lago: son pescadores. Les llama, y ellos le siguen, inmediatamente. Dejan las redes y van con Él: su vida se convertirá en una aventura extraordinaria y fascinante.

Queridos amigos y amigas, el Señor llama también hoy. El Señor pasa por los caminos de nuestra vida cotidiana. Incluso hoy, en este momento, aquí, el Señor pasa por la plaza. Nos llama a ir con Él, a trabajar con Él por el reino de Dios, en las «Galileas» de nuestros tiempos. Cada uno de vosotros piense: el Señor pasa hoy, el Señor me mira, me está mirando. ¿Qué me dice el Señor? Y si alguno de vosotros percibe que el Señor le dice «sígueme» sea valiente, vaya con el Señor. El Señor jamás decepciona. Escuchad en vuestro corazón si el Señor os llama a seguirle. Dejémonos alcanzar por su mirada, por su voz, y sigámosle. «Para que la alegría del Evangelio llegue hasta los confines de la tierra y ninguna periferia se prive de su luz» (*ibid.*, 288).

—Discurso del Ángelus, Plaza de San Pedro,
26 de enero de 2014

COMPASIÓN: EL TOQUE
DE LA MISERICORDIA
MARCOS 1, 40-45

El evangelista san Marcos nos está relatando la acción de Jesús contra todo tipo de mal, en beneficio de los que sufren en el cuerpo y en el espíritu: endemoniados, enfermos, pecadores... Él se presenta como aquel que combate y vence el mal donde sea que lo encuentre. En el Evangelio de hoy esta lucha suya afronta un caso emblemático, porque el enfermo es un leproso. La lepra es una enfermedad contagiosa que no tiene piedad, que desfigura a la persona, y que era símbolo de impureza: el leproso tenía que estar fuera de los centros habitados e indicar su presencia a los que pasaban. Era marginado por la comunidad civil y religiosa. Era como un muerto ambulante.

El episodio de la curación del leproso tiene lugar en tres breves pasos: la invocación del enfermo, la respuesta de Jesús y las consecuencias de la curación prodigiosa. El leproso suplica a Jesús «de rodillas» y le dice: «Si quieres, puedes limpiarme» (v. 40). Ante esta oración humilde y confiada, Jesús reacciona con una actitud profunda de su espíritu: la compasión. Y «compasión» es una palabra muy profunda: compasión significa «padecer-con-el otro». El corazón de Cristo manifiesta la compasión paterna de Dios por ese hombre, acercándose a él y *tocándolo*. Y este detalle es muy importante. Jesús «extendió la mano y *lo tocó*... la lepra se le quitó inmediatamente y quedó limpio» (v. 41-42).

La misericordia de Dios supera toda barrera y la mano de Jesús tocó al leproso. Él no toma distancia de seguridad y no actúa delegando, sino que se expone directamente al contagio de nuestro mal; y precisamente así nuestro mal se convierte en el lugar del contacto: Él, Jesús, toma de nosotros nuestra humanidad enferma y nosotros de Él su humanidad sana y capaz de sanar. Esto sucede cada vez que recibimos con fe un Sacramento: el Señor Jesús nos «toca» y nos dona su gracia. En este caso pensemos especialmente en el Sacramento de la Reconciliación, que nos cura de la lepra del pecado.

Una vez más el Evangelio nos muestra lo que hace Dios ante nuestro mal: Dios no viene a «dar una lección» sobre el dolor; no viene tampoco a eliminar del mundo el sufrimiento y la muerte; viene más bien a cargar sobre sí el peso de nuestra condición humana, a conducirla hasta sus últimas consecuencias, para liberarnos de modo radical y definitivo. Así Cristo combate los males y los sufrimientos del mundo: haciéndose cargo de ellos y venciéndolos con la fuerza de la misericordia de Dios.

A nosotros, hoy, el Evangelio de la curación del leproso nos dice que si queremos ser auténticos discípulos de Jesús estamos llamados a llegar a ser, unidos a Él, instrumentos de su amor misericordioso, superando todo tipo de marginación. Para ser «imitadores de Cristo» (cf. *1 Cor* 11, 1) ante un pobre o un enfermo, no tenemos que tener miedo de mirarlo a los ojos y de acercarnos con ternura y compasión, y de tocarlo y abrazarlo. He pedido a menudo a las personas que ayudan a los demás que lo hagan mirándolos a los ojos, que no tengan miedo de tocarlos; que el gesto de ayuda sea también un gesto de comunicación: también nosotros tenemos necesidad de ser acogidos por ellos. Un gesto de ternura, un gesto de compasión...

Pero yo os pregunto: vosotros, ¿cuando ayudáis a los demás, los miráis a los ojos? ¿Los acogéis sin miedo de tocarlos? ¿Los acogéis con ternura? Pensad en esto: ¿cómo ayudáis? ¿A distancia, o con ternura, con cercanía? Si el mal es contagioso, lo es también el bien. Por lo tanto, es necesario que el bien abunde en nosotros, cada vez más. Dejémonos contagiar por el bien y contagiemos el bien.

—Discurso del Ángelus, Plaza de San Pedro,
15 de febrero de 2015

VIVAN COMO SAL Y LUZ
MATEO 5, 13-16

En el Evangelio de este domingo, que está inmediatamente después de las Bienaventuranzas, Jesús dice a sus discípulos: «Vosotros sois la sal de la tierra... Vosotros sois la luz del mundo» (*Mt* 5, 13.14). Esto nos maravilla un poco si pensamos en quienes tenía Jesús delante cuando decía estas palabras. ¿Quiénes eran esos discípulos? Eran pescadores, gente sencilla... Pero Jesús les mira con los ojos de Dios, y su afirmación se comprende precisamente como consecuencia de las Bienaventuranzas. Él quiere decir: si sois pobres de espíritu, si sois mansos, si sois puros de corazón, si sois misericordiosos... seréis la sal de la tierra y la luz del mundo.

Para comprender mejor estas imágenes, tengamos presente que la Ley judía prescribía poner un poco de sal sobre cada ofrenda presentada a Dios, como signo de alianza. La luz, para Israel, era el símbolo de la revelación mesiánica que triunfa sobre las tinieblas del paganismo. Los cristianos, nuevo Israel, reciben, por lo tanto, una misión con respecto a todos los hombres: con la fe y la caridad pueden orientar, consagrar, hacer fecunda a la humanidad. Todos nosotros, los bautizados, somos discípulos misioneros y estamos llamados a ser en el mundo un Evangelio viviente: con una vida santa daremos «sabor» a los distintos ambientes y los defenderemos de la corrupción, como lo hace la sal; y llevaremos la luz de Cristo con el testimonio de una caridad genuina.

Pero si nosotros, los cristianos, perdemos el sabor y apagamos nuestra presencia de sal y de luz, perdemos la eficacia. ¡Qué hermosa misión la de dar luz al mundo! Es una misión que tenemos nosotros. ¡Es hermosa! Es también muy bello conservar la luz que recibimos de Jesús, custodiarla, conservarla. El cristiano debería ser una persona luminosa, que lleva luz, que siempre da luz. Una luz que no es suya, sino que es el regalo de Dios, es el regalo de Jesús. Y nosotros llevamos esta luz. Si el cristiano apaga esta luz, su vida no tiene sentido: es un cristiano solo de nombre, que no lleva la luz, una vida sin sentido. Pero yo os quisiera preguntar ahora: ¿cómo queréis vivir? ¿Como una lámpara encendida o como una lámpara apagada? ¿Encendida o apagada? ¿Cómo queréis vivir? [*La gente responde: ¡Encendida!*] ¡Lámpara encendida! Es precisamente Dios quien nos da esta luz y nosotros la damos a los demás. ¡Lámpara encendida! Esta es la vocación cristiana.

—Discurso del Ángelus, Plaza de San Pedro,

9 de febrero de 2014

LOS REQUERIMIENTOS DEL AMOR
MATEO 5, 17-37

El Evangelio de este domingo forma parte aún del así llamado «sermón de la montaña», la primera gran predicación de Jesús. Hoy el tema es la actitud de Jesús respecto a la Ley judía. Él afirma: «No creáis que he venido a abolir la Ley y los Profetas; no he venido a abolir, sino a dar plenitud» (*Mt* 5, 17). Jesús, sin embargo, no quiere cancelar los mandamientos que dio el Señor por medio de Moisés, sino que quiere darles plenitud. E inmediatamente después añade que esta «plenitud» de la Ley requiere una justicia mayor, una observancia más auténtica. Dice, en efecto, a sus discípulos: «Si vuestra justicia no es mayor que la de los escribas y fariseos, no entraréis en el reino de los cielos» (*Mt* 5, 20).

¿Pero qué significa esta «plenitud» de la Ley? Y esta justicia mayor, ¿en qué consiste? Jesús mismo nos responde con algunos ejemplos. Jesús era práctico, hablaba siempre con ejemplos para hacerse entender. Inicia desde el quinto mandamiento: «Habéis oído que se dijo a los antiguos: "No matarás";... Pero yo os digo: todo el que se deja llevar de la cólera contra su hermano será procesado» (vv. 21-22). Con esto, Jesús nos recuerda que incluso las palabras pueden matar. Cuando se dice de una persona que tiene la lengua de serpiente, ¿qué se quiere decir? Que sus palabras matan. Por lo tanto, no sólo no hay que atentar contra la vida del prójimo, sino que tampoco hay que derramar sobre él el veneno de la ira y golpearlo con la calumnia. Ni tampoco hablar mal de él.

Llegamos a las habladurías: las habladurías, también, pueden matar, porque matan la fama de las personas. ¡Es tan feo criticar! Al inicio puede parecer algo placentero, incluso divertido, como chupar un caramelo. Pero al final, nos llena el corazón de amargura, y nos envenena también a nosotros. Os digo la verdad, estoy convencido de que si cada uno de nosotros hiciese el propósito de evitar las críticas, al final llegaría a ser santo. ¡Es un buen camino! ¿Queremos ser santos? ¿Sí o no? [Plaza: *¡Sí!*] ¿Queremos vivir apegados a las habladurías como una costumbre? ¿Sí o no? [Plaza: *¡No!*] Entonces estamos de acuerdo: ¡nada de críticas! Jesús propone a quien le sigue la perfección del amor: un amor cuya única medida es no tener medida, de ir más allá de todo cálculo.

El amor al prójimo es una actitud tan fundamental que Jesús llega a afirmar que nuestra relación con Dios no puede ser sincera si no queremos hacer las paces con el prójimo. Y dice así: «Por tanto, si cuando vas a presentar tu ofrenda sobre el altar, te acuerdas allí mismo de que tu hermano tiene quejas contra ti, deja allí tu ofrenda ante el altar y vete primero a reconciliarte con tu hermano» (vv. 23-24). Por ello estamos llamados a reconciliarnos con nuestros hermanos antes de manifestar nuestra devoción al Señor en la oración.

De todo esto se comprende que Jesús no da importancia sencillamente a la observancia disciplinar y a la conducta exterior. Él va a la raíz de la Ley, apuntando sobre todo a la intención y, por lo tanto, al corazón del hombre, donde tienen origen nuestras acciones buenas y malas. Para tener comportamientos buenos y honestos no bastan las normas jurídicas, sino que son necesarias motivaciones profundas, expresiones de una sabiduría oculta, la Sabiduría de Dios, que se puede acoger gracias al Espíritu Santo. Y nosotros, a través de la fe en Cristo, podemos abrirnos a la acción del Espíritu, que nos hace capaces de vivir el amor divino.

A la luz de esta enseñanza, cada precepto revela su pleno significado como exigencia de amor, y todos se unen en el más grande mandamiento: ama a Dios con todo el corazón y ama al prójimo como a ti mismo.

—Discurso del Ángelus, Plaza de San Pedro,

16 de febrero de 2014

LA SEMILLA DE LA PALABRA DE DIOS
MARCOS 4, 26-34

El Evangelio de hoy está formado por dos parábolas muy breves: la de la semilla que germina y crece sola, y la del grano de mostaza (cf. *Mc* 4, 26–34). A través de estas imágenes tomadas del mundo rural, Jesús presenta la eficacia de la Palabra de Dios y las exigencias de su Reino, mostrando las razones de nuestra esperanza y de nuestro compromiso en la historia.

En la primera parábola la atención se centra en el hecho de que la semilla, echada en la tierra, *se arraiga y desarrolla por sí misma*, independientemente de que el campesino duerma o vele. Él confía en el poder interior de la semilla misma y en la fertilidad del terreno. En el lenguaje evangélico, la semilla es símbolo de la Palabra de Dios, cuya fecundidad recuerda esta parábola. Como la humilde semilla se desarrolla en la tierra, así la Palabra actúa con el poder de Dios en el corazón de quien la escucha. Dios ha confiado su Palabra a nuestra tierra, es decir, a cada uno de nosotros, con nuestra concreta humanidad. Podemos tener confianza, porque la Palabra de Dios es palabra creadora, destinada a convertirse en «el grano maduro en la espiga» (v. 28). Esta Palabra, si es acogida, da ciertamente sus frutos, porque Dios mismo la hace germinar y madurar a través de caminos que no siempre podemos verificar y de un modo que no conocemos (cf. v. 27). Todo esto nos hace comprender que es siempre Dios, es siempre Dios quien hace crecer su Reino — por esto rezamos mucho «venga a nosotros tu Reino»—, es Él quien lo hace crecer, el hombre es su humilde colaborador, que contempla y se regocija por la acción creadora divina y espera con paciencia sus frutos.

La Palabra de Dios hace crecer, da vida. Y aquí quisiera recordaros otra vez la importancia de tener el Evangelio, la Biblia, al alcance de la mano —el Evangelio pequeño en el bolsillo, en la cartera— y alimentarnos cada día con esta Palabra viva de Dios: leer cada día un pasaje del Evangelio, un pasaje de la Biblia. Jamás olvidéis esto, por favor. Porque esta es la fuerza que hace germinar en nosotros la vida del reino de Dios.

La segunda parábola utiliza la imagen del grano de mostaza. Aun siendo *la más pequeña* de todas las semillas, está llena de vida y crece hasta hacerse «*más alta* que las demás hortalizas» (*Mc* 4, 32). Y así es el reino de Dios: una realidad humanamente pequeña y aparentemente irrelevante. Para entrar a formar parte de él es necesario ser pobres en el corazón; no confiar en las propias capacidades, sino en el poder del amor de Dios; no actuar para ser importantes ante los ojos del mundo, sino preciosos ante los ojos de Dios, que tiene predilección por los sencillos y humildes. Cuando vivimos así, a través de nosotros irrumpe la fuerza de Cristo y transforma lo que es pequeño y modesto en una realidad que fermenta toda la masa del mundo y de la historia.

De estas dos parábolas nos llega una enseñanza importante: el Reino de Dios requiere *nuestra colaboración*, pero es, sobre todo, *iniciativa y don del Señor*. Nuestra débil obra, aparentemente pequeña frente a la complejidad de los problemas del mundo, si se la sitúa en la obra de Dios no tiene miedo de las

dificultades. La victoria del Señor es segura: *su amor hará bro-*
tar y hará crecer cada semilla de bien presente en la tierra. Esto
nos abre a la confianza y a la esperanza, a pesar de los dramas,
las injusticias y los sufrimientos que encontramos. La semilla
del bien y de la paz germina y se desarrolla, porque el amor
misericordioso de Dios hace que madure.

Que la santísima Virgen, que acogió como «tierra fecunda»
la semilla de la divina Palabra, nos sostenga en esta esperanza
que nunca nos defrauda.

—Discurso del Ángelus, Plaza de San Pedro, 14 de junio de 2015

EL VINO NUEVO
JUAN 2, 1-11

El pasaje del Evangelio que acabamos de escuchar es el primer signo portentoso que se realiza en la narración del Evangelio de Juan. La preocupación de María, convertida en súplica a Jesús: «No tienen vino» —le dijo— y la referencia a «la hora» se comprenderá después, en los relatos de la Pasión.

Y está bien que sea así, porque eso nos permite ver el afán de Jesús por enseñar, acompañar, sanar y alegrar desde ese clamor de su madre: «No tienen vino».

Las bodas de Caná se repiten con cada generación, con cada familia, con cada uno de nosotros y nuestros intentos por hacer que nuestro corazón logre asentarse en amores duraderos, en amores fecundos, en amores alegres. Demos un lugar a María, «la madre» como lo dice el evangelista [Juan 2, 2]. Y hagamos con ella ahora el itinerario de Caná.

María está atenta, está atenta en esas bodas ya comenzadas, es solícita a las necesidades de los novios. No se ensimisma, no se enfrasca en su mundo, su amor la hace «ser abierta hacia» los otros. Tampoco busca a las amigas para comentar lo que está pasando y criticar la mala preparación de las bodas. Y como está atenta, con su discreción, se da cuenta de que falta el vino. El vino es signo de alegría, de amor, de abundancia. Cuántos de nuestros adolescentes y jóvenes perciben que en sus casas hace rato que ya no hay de ese vino. Cuánta mujer sola y entristecida se pregunta cuándo el amor se fue, cuándo el amor se escurrió de su vida. Cuántos ancianos se sienten dejados fuera de la fiesta de sus familias, arrinconados y ya sin beber del amor cotidiano, de sus hijos, de sus nietos, de sus bisnietos...

Pero María, en ese momento que se percata que falta el vino, acude con confianza a Jesús: esto significa que María reza. Va a Jesús, reza. No va al mayordomo; directamente le presenta la dificultad de los esposos a su Hijo. La respuesta que recibe parece desalentadora: «¿Y qué podemos hacer tú y yo? Todavía no ha llegado mi hora» (*Jn* 2, 4). Pero, entre tanto, ya ha dejado el problema en las manos de Dios. Su apuro por las necesidades de los demás apresura la «hora» de Jesús...

Y rezar siempre nos saca del perímetro de nuestros desvelos, nos hace trascender lo que nos duele, lo que nos agita o lo que nos falta a nosotros mismos y nos ayuda a ponernos en la piel de los otros, a ponernos en sus zapatos. La familia es una escuela donde la oración también nos recuerda que hay un nosotros, que hay un prójimo cercano, patente: que vive bajo el mismo techo, que comparte la vida y está necesitado.

Y finalmente, María actúa. Las palabras «Hagan lo que Él les diga» (v. 5), dirigidas a los que servían, son una invitación también a nosotros, a ponernos a disposición de Jesús, que vino a servir y no a ser servido. El servicio es el criterio del verdadero amor. El que ama sirve, se pone al servicio de los demás. Y esto se aprende especialmente en la familia, donde nos hacemos por amor servidores unos de otros. En el seno de la familia, nadie es descartado; todos valen lo mismo...

Y en la familia —de esto todos somos testigos— los milagros se hacen con lo que hay, con lo que somos, con lo que uno tiene a mano... y muchas veces no es el ideal, no es lo que soñamos, ni lo que «debería ser». Hay un detalle que nos tiene que hacer pensar: el vino nuevo, ese vino tan bueno que dice el mayordomo en las bodas de Caná, nace de las tinajas de purificación, es decir, del lugar donde todos habían dejado su pecado... Nace de lo 'peorcito' porque «donde abundó el pecado, sobreabundó la gracia» (*Rom* 5, 20). Y en la familia de cada uno de nosotros y en la familia común que formamos todos, nada se descarta, nada es inútil.

Y toda esta historia comenzó porque «no tenían vino», y todo se pudo hacer porque una mujer —la Virgen— estuvo atenta, supo poner en manos de Dios sus preocupaciones, y actuó con sensatez y coraje. Pero hay un detalle, no es menor el dato final: gustaron el mejor de los vinos. Y esa es la buena noticia: el mejor de los vinos está por ser tomado, lo más lindo, lo más profundo y lo más bello para la familia está por venir. Está por venir el tiempo donde gustamos el amor cotidiano, donde nuestros hijos redescubren el espacio que compartimos, y los mayores están presentes en el gozo de cada día.

El mejor de los vinos está en esperanza, está por venir para cada persona que se arriesga al amor. Y en la familia hay que arriesgarse al amor, hay que arriesgarse a amar. Y el mejor de los vinos está por venir, aunque todas las variables y estadísticas digan lo contrario. El mejor vino está por venir en aquellos que hoy ven derrumbarse todo. Murmúrenlo hasta creérselo: el mejor vino está por venir. Murmúrenselo cada uno en su corazón: el mejor vino está por venir. Y susúrrenselo a los desesperados o a los desamorados: Tened paciencia, tened esperanza, haced como María, rezad, actuad, abrid el corazón, porque el mejor de los vinos va a venir. Dios siempre se acerca a las periferias de los que se han quedado sin vino, los que sólo tienen para beber desalientos; Jesús siente debilidad por derrochar el mejor de los vinos con aquellos a los que por una u otra razón, ya sienten que se les han roto todas las tinajas.

Como María nos invita, hagamos «lo que el Señor nos diga». Hagan lo que Él les diga. Y agradezcamos que en este nuestro tiempo y nuestra hora, el vino nuevo, el mejor, nos haga recuperar el gozo de la familia, el gozo de vivir en familia. Que así sea.

—Homilía, Guayaquil, Ecuador, 6 de julio de 2015

"JESÚS, LÍMPIANOS CON TU MISERICORDIA"
JUAN 2, 13-25

En este pasaje del Evangelio que hemos escuchado, hay dos cosas que me impresionan: una imagen y una palabra. La imagen es la de Jesús con el látigo en la mano que echa fuera a todos los que aprovechaban el Templo para hacer negocios. Estos comerciantes que vendían los animales para los sacrificios, cambiaban las monedas. Estaba lo sagrado —el templo, sagrado— y esta suciedad, afuera. Esta es la imagen. Y Jesús toma el látigo y procede, para limpiar un poco el Templo.

Y la frase, la palabra, está ahí donde se dice que mucha gente creía en Él, una frase terrible: «Pero Jesús no se confiaba a ellos, porque los conocía a todos, y no necesitaba el testimonio de nadie sobre un hombre, porque Él sabía lo que hay dentro de cada hombre» (*Jn* 2, 24-25).

Nosotros no podemos engañar a Jesús: Él nos conoce por dentro. No se fiaba. Él, Jesús, no se fiaba. Y esta puede ser una buena pregunta en la mitad de la Cuaresma: ¿Puede fiarse Jesús de mí? ¿Puede fiarse Jesús de mí, o tengo una doble cara? ¿Me presento como católico, como uno cercano a la Iglesia, y luego vivo como un pagano? «Pero Jesús no lo sabe, nadie va a contárselo». Él lo sabe. «Él no tenía necesidad de que alguien diese testimonio; Él, en efecto, conocía lo que había en el hombre». Jesús conoce todo lo que está dentro de nuestro corazón: no podemos engañar a Jesús. No podemos, ante Él, aparentar ser santos, y cerrar los ojos, actuar así, y luego llevar una vida que no es la que Él quiere. Y Él lo sabe. Y todos sabemos el nombre que Jesús daba a estos con doble cara: hipócritas.

Nos hará bien, hoy, entrar en nuestro corazón y mirar a Jesús. Decirle: «Señor, mira, hay cosas buenas, pero también hay cosas no buenas. Jesús, ¿te fías de mí? Soy pecador...». Esto no asusta a Jesús. Si tú le dices: «Soy un pecador», no se asusta. Lo que a Él lo aleja es la doble cara: mostrarse justo para cubrir el pecado oculto. «Pero yo voy a la iglesia, todos los domingos, y yo...». Sí, podemos decir todo esto. Pero si tu corazón no es justo, si tú no vives la justicia, si tú no amas a los que necesitan amor, si tú no vives según el espíritu de las bienaventuranzas, no eres católico. Eres hipócrita. Primero: ¿Puede Jesús fiarse de mí? En la oración, preguntémosle: Señor, ¿Tú te fías de mí?

Segundo, el gesto. Cuando entramos en nuestro corazón, encontramos cosas que no funcionan, que no están bien, como Jesús encontró en el Templo esa suciedad del comercio, de los vendedores. También dentro de nosotros hay suciedad, hay pecados de egoísmo, de soberbia, de orgullo, de codicia, de envidia, de celos... ¡tantos pecados! Podemos incluso continuar el diálogo con Jesús: «Jesús, ¿Tú te fías de mí? Yo quiero que Tú te fíes de mí. Entonces te abro la puerta y tú limpia mi alma». Y pedir al Señor que así como limpió el Templo, venga a limpiar el alma.

E imaginamos que Él viene con un látigo de cuerdas... No, con eso no limpia el alma. ¿Vosotros sabéis cuál es el látigo de Jesús para limpiar nuestra alma? La misericordia. Abrid el corazón a la misericordia de Jesús. Decid: «Jesús, mira cuánta suciedad. Ven, limpia. Limpia con tu misericordia, con tus palabras dulces; limpia con tus caricias». Y si abrimos nuestro corazón a la misericordia de Jesús, para que limpie nuestro corazón, nuestra alma, Jesús se fiará de nosotros.

—Homilía, Visita Pastoral a la Parroquia romana
"Santa María, Madre del Redentor", *Tor bella Monaca*,
8 de marzo de 2015

SEDIENTOS DE JESÚS
JUAN 4, 5-42

El Evangelio de hoy nos presenta el encuentro de Jesús con la mujer samaritana, acaecido en Sicar, junto a un antiguo pozo al que la mujer iba cada día a sacar agua. Ese día encontró allí a Jesús, sentado, «fatigado por el viaje» (*Jn* 4, 6). Y enseguida le dice: «Dame de beber» (v. 7). De este modo supera las barreras de hostilidad que existían entre judíos y samaritanos y rompe los esquemas de prejuicio respecto a las mujeres.

La sencilla petición de Jesús es el comienzo de un diálogo franco, mediante el cual Él, con gran delicadeza, entra en el mundo interior de una persona a la cual, según los esquemas sociales, no habría debido ni siquiera dirigirle la palabra. ¡Pero Jesús lo hace! Jesús no tiene miedo. Jesús cuando ve a una persona va adelante porque ama. Nos ama a todos. No se detiene nunca ante una persona por prejuicios. Jesús la pone ante su situación, sin juzgarla, sino haciendo que se sienta considerada, reconocida, y suscitando así en ella el deseo de ir más allá de la rutina cotidiana.

Aquella sed de Jesús no era tanto sed de agua, sino de encontrar un alma endurecida. Jesús tenía necesidad de encontrar a la samaritana para abrirle el corazón: le pide de beber para poner en evidencia la sed que había en ella misma. La mujer queda tocada por este encuentro: dirige a Jesús esos interrogantes profundos que todos tenemos dentro, pero que a menudo ignoramos. También nosotros tenemos muchas preguntas que hacer, ¡pero no encontramos el valor de dirigirlas a Jesús! La

Cuaresma, queridos hermanos y hermanas, es el tiempo oportuno para mirarnos dentro, para hacer emerger nuestras necesidades espirituales más auténticas, y pedir la ayuda del Señor en la oración. El ejemplo de la samaritana nos invita a expresarnos así: «Jesús, dame de esa agua que saciará mi sed eternamente».

El Evangelio dice que los discípulos quedaron maravillados de que su Maestro hablase con esa mujer. Pero el Señor es más grande que los prejuicios, por eso no tuvo temor de detenerse con la samaritana: la misericordia es más grande que el prejuicio. ¡Esto tenemos que aprenderlo bien! La misericordia es más grande que el prejuicio, y Jesús es muy misericordioso, ¡mucho!

El resultado de aquel encuentro junto al pozo fue que la mujer quedó transformada: «dejó su cántaro» (v. 28) con el que iba a coger el agua, y corrió a la ciudad a contar su experiencia extraordinaria. «He encontrado a un hombre que me ha dicho todas las cosas que he hecho. ¿Será el Mesías?» ¡Estaba entusiasmada! Había ido a sacar agua del pozo y encontró otra agua, el agua viva de la misericordia, que salta hasta la vida eterna. ¡Encontró el agua que buscaba desde siempre!

Corre al pueblo, aquel pueblo que la juzgaba, la condenaba y la rechazaba, y anuncia que ha encontrado al Mesías: uno que le ha cambiado la vida. Porque todo encuentro con Jesús nos cambia la vida, siempre. Es un paso adelante, un paso más cerca de Dios. Y así, cada encuentro con Jesús nos cambia la vida. Siempre, siempre es así.

En este Evangelio hallamos también nosotros el estímulo para «dejar nuestro cántaro», símbolo de todo lo que aparentemente es importante, pero que pierde valor ante el «amor de Dios».

¡Todos tenemos uno o más de uno! Yo os pregunto a vosotros, también a mí: ¿cuál es tu cántaro interior, ese que te pesa, el que te aleja de Dios? Dejémoslo un poco aparte y con el corazón escuchemos la voz de Jesús, que nos ofrece otra agua, otra agua que nos acerca al Señor.

Estamos llamados a redescubrir la importancia y el sentido de nuestra vida cristiana, iniciada en el bautismo y, como la samaritana, a dar testimonio a nuestros hermanos. ¿De qué? De la alegría. Testimoniar la alegría del encuentro con Jesús, porque he dicho que todo encuentro con Jesús nos cambia la vida, y también todo encuentro con Jesús nos llena de alegría, esa alegría que viene de dentro. Así es el Señor. Y contar cuántas cosas maravillosas sabe hacer el Señor en nuestro corazón, cuando tenemos el valor de dejar aparte nuestro cántaro.

—Discurso del Ángelus, Plaza de San Pedro,
23 de marzo de 2014

"NO TEMAS, BASTA QUE TENGAS FE"
MARCOS 5, 21-43

El Evangelio de hoy presenta el relato de la resurrección de una niña de doce años, hija de uno de los jefes de la sinagoga, el cual se echa a los pies de Jesús y le ruega: «Mi niña está en las últimas; ven, impón las manos sobre ella, para que se cure y viva» (*Mc* 5, 23). En esta oración vemos la preocupación de todo padre por la vida y por el bien de sus hijos.

Pero percibimos también la gran fe que ese hombre tiene en Jesús. Y cuando llega la noticia de que la niña ha muerto, Jesús le dice: «No temas, basta que tengas fe» (v. 36). Dan ánimo estas palabras de Jesús, y también nos las dice a nosotros muchas veces: «No temas, basta que tengas fe». Al entrar en la casa, el Señor echa a la gente que llora y grita y dirigiéndose a la niña muerta dice: «Contigo hablo, niña, levántate» (v. 41). Inmediatamente la niña se levantó y echó a andar. Aquí se ve el poder absoluto de Jesús sobre la muerte, que para Él es como un sueño del cual nos puede despertar.

En el seno de este relato, el evangelista introduce otro episodio: la curación de una mujer que desde hacía doce años padecía flujos de sangre. A causa de esta enfermedad que, según la cultura del tiempo, la hacía «impura», ella debía evitar todo contacto humano: pobrecilla, estaba condenada a una muerte civil. Esta mujer anónima, en medio de la multitud que sigue a Jesús, se dice a sí misma: «Con sólo tocarle el manto curaré» (v. 28). Y así fue: la necesidad de ser liberada la impulsó a probar y la fe «arranca», por así decir, la curación al Señor. Quien cree «toca» a Jesús y toma de Él la gracia que salva.

La fe es esto: tocar a Jesús y recibir de Él la gracia que salva. Nos salva, nos salva la vida espiritual, nos salva de tantos problemas. Jesús se da cuenta, y en medio de la gente, busca el rostro de aquella mujer. Ella se adelanta temblorosa y Él le dice: «Hija, tu fe te ha salvado» (v. 34). Es la voz del Padre celestial que habla en Jesús: «¡Hija, no estás condenada, no estás excluida, eres mi hija!». Y cada vez que Jesús se acerca a nosotros, cuando vamos hacia Él con fe, escuchamos esto del Padre: «Hijo, tú eres mi hijo, tú eres mi hija. Tú te has curado, tú estás curada. Yo perdono a todos, todo. Yo curo a todos y todo».

Estos dos episodios —una curación y una resurrección— tienen un único centro: *la fe*. El mensaje es claro, y se puede resumir en una pregunta: *¿creemos que Jesús nos puede curar y nos puede despertar de la muerte?* Todo el Evangelio está escrito a la luz de esta fe: Jesús ha resucitado, ha vencido la muerte, y por su victoria también nosotros resucitaremos. Esta fe, que para los primeros cristianos era segura, puede empañarse y hacerse incierta, hasta el punto que algunos confunden resurrección con reencarnación.

La Palabra de Dios nos invita a vivir en la certeza de la resurrección: Jesús es el Señor, Jesús tiene poder sobre el mal y sobre la muerte, y quiere llevarnos a la casa del Padre, donde reina la vida. Y allí nos encontraremos todos, todos los que estamos aquí en la plaza hoy, nos encontraremos en la casa del Padre, en la vida que Jesús nos dará.

La Resurrección de Cristo actúa en la historia como principio de renovación y esperanza. Cualquier persona desesperada y cansada hasta la muerte, si confía en Jesús y en su amor puede volver a vivir. También recomenzar una nueva vida, cambiar de vida es un modo de resurgir, de resucitar. La fe es una fuerza de vida, da plenitud a nuestra humanidad; y quien cree en Cristo se debe reconocer porque promueve la vida en toda situación, para hacer experimentar a todos, especialmente a los más débiles, el amor de Dios que libera y salva.

—Discurso del Ángelus, Plaza de San Pedro,
28 de junio de 2015

EL LENGUAJE DE LA HOSPITALIDAD
MARCOS 6, 7-13

Y el Evangelio nos habla de... discipulado. Nos presenta la cédula de identidad del cristiano. Su carta de presentación, su credencial.

Jesús llama a sus discípulos y los envía dándoles reglas claras, precisas. Los desafía con una serie de actitudes, comportamientos que deben tener. Y no son pocas las veces que nos pueden parecer exageradas o absurdas; actitudes que sería más fácil leerlas simbólicamente o «espiritualmente». Pero Jesús es bien claro. No les dice: «Hagan como que...» o «hagan lo que puedan».

Recordemos juntos esas recomendaciones: «No lleven para el camino más que un bastón; ni pan, ni alforja, ni dinero... permanezcan en la casa donde les den alojamiento» (cf. *Mc* 6,8-11). Parecería algo imposible.

Podríamos concentrarnos en las palabras: «pan», «dinero», «alforja», «bastón», «sandalias», «túnica». Y es lícito. Pero me parece que hay una palabra clave, que podría pasar desapercibida frente a la contundencia de las que acabo de enumerar. Una palabra central en la espiritualidad cristiana, en la experiencia del discipulado: hospitalidad. Jesús como buen maestro, pedagogo, los envía a vivir la hospitalidad. Les dice: «Permanezcan donde les den alojamiento». Los envía a aprender una de las características fundamentales de la comunidad creyente. Podríamos decir que cristiano es aquel que aprendió a hospedar, que aprendió a alojar.

Jesús no los envía como poderosos, como dueños, jefes o cargados de leyes, normas; por el contrario, les muestra que el camino del cristiano es simplemente transformar el corazón. El suyo, y ayudar a transformar el de los demás. Aprender a vivir de otra manera, con otra ley, bajo otra norma. Es pasar de la lógica del egoísmo, de la clausura, de la lucha, de la división, de la superioridad, a la lógica de la vida, de la gratuidad, del amor. De la lógica del dominio, del aplastar, manipular, a la lógica del acoger, recibir y cuidar.

Son dos las lógicas que están en juego, dos maneras de afrontar la vida y de afrontar la misión.

Cuántas veces pensamos la misión en base a proyectos o programas. Cuántas veces imaginamos la evangelización en torno a miles de estrategias, tácticas, maniobras, artimañas, buscando que las personas se conviertan con base en nuestros argumentos. Hoy el Señor nos lo dice muy claramente: en la lógica del Evangelio no se convence con los argumentos, con las estrategias, con las tácticas, sino simplemente aprendiendo a alojar, a hospedar.

La Iglesia es madre de corazón abierto que sabe acoger, recibir, especialmente a quien tiene necesidad de mayor cuidado, que está en mayor dificultad. La Iglesia, como la quería Jesús, es la casa de la hospitalidad. Y cuánto bien podemos hacer si nos animamos a aprender este lenguaje de la hospitalidad, este lenguaje de recibir, de acoger. Cuántas heridas, cuánta desesperanza se puede curar en un hogar donde uno se pueda sentir recibido.

Para eso hay que tener las puertas abiertas, sobre todo las puertas del corazón. Hospitalidad con el hambriento, con el sediento, con el forastero, con el desnudo, con el enfermo, con el preso (cf. *Mt* 25, 34-37), con el leproso, con el paralítico. Hospitalidad con el que no piensa como nosotros, con el que no tiene fe o la ha perdido. Y, a veces, por culpa nuestra. Hospitalidad con el perseguido, con el desempleado. Hospitalidad con las culturas diferentes, de las cuales esta tierra es tan rica. Hospitalidad con el pecador, porque cada uno de nosotros también lo es.

—Homilía, Campo Grande en Ñu Guazú, Asunción, Paraguay,

12 de julio de 2015

VER, TENER COMPASIÓN, ENSEÑAR
MARCOS 6, 30-34

El Evangelio de hoy nos dice que los Apóstoles, tras la experiencia de la misión, regresaron contentos pero también cansados. Y Jesús, lleno de comprensión, quiso darles un poco de alivio; y es así que los lleva a un lugar desierto, a un sitio apartado para que descansaran un poco (cf. *Mc* 6, 31). «Muchos los vieron marcharse y los reconocieron... y se les adelantaron» (v. 33).

Y es así que el evangelista nos ofrece una imagen de Jesús de especial intensidad, «fotografiando», por decirlo así, sus ojos y captando los sentimientos de su corazón, y dice así el evangelista: «Al desembarcar, Jesús vio una multitud y se compadeció de ella, porque andaban como ovejas que no tienen pastor; y se puso a enseñarles muchas cosas» (v. 34).

Retomemos los tres verbos de este sugestivo fotograma: *ver, tener compasión, enseñar*. Los podemos llamar *los verbos del Pastor*.

Ver, tener compasión, enseñar. El primero y el segundo, *ver* y *tener compasión*, están siempre asociados con la actitud de Jesús: su mirada, en efecto, no es la mirada de un sociólogo o de un reportero gráfico, porque Él mira siempre con «los ojos del corazón». Estos dos verbos, *ver* y *tener compasión*, configuran a Jesús como buen Pastor. Incluso su compasión, no es solamente un sentimiento humano, sino que es la conmoción del Mesías en quien se hizo carne la ternura de Dios.

Y de esta compasión nace el deseo de Jesús de alimentar a la multitud con el pan de su Palabra, es decir enseñar la Palabra de Dios a la gente. Jesús ve, Jesús tiene compasión, Jesús nos enseña. ¡Es hermoso esto!

—DISCURSO DEL ÁNGELUS, PLAZA DE SAN PEDRO, 19 DE JULIO DE 2015

LA MISERICORDIA DE DIOS ES PARA TODOS
Lucas 7, 36-50

El Evangelio que hemos escuchado nos abre un camino de esperanza y de consuelo. Es bueno percibir sobre nosotros la mirada compasiva de Jesús, así como la percibió la mujer pecadora en la casa del fariseo. En este pasaje vuelven con insistencia dos palabras: amor y juicio.

Está el amor de la mujer pecadora que se humilla ante el Señor; pero antes aún está el amor misericordioso de Jesús por ella, que la impulsa a acercarse. Su llanto de arrepentimiento y de alegría lava los pies del Maestro, y sus cabellos los secan con gratitud; los besos son expresión de su afecto puro; y el ungüento perfumado que derrama abundantemente atestigua lo valioso que es Él ante sus ojos. Cada gesto de esta mujer habla de amor y expresa su deseo de tener una certeza indestructible en su vida: la de haber sido perdonada.

¡Esta es una certeza hermosísima! Y Jesús le da esta certeza: acogiéndola le demuestra el amor de Dios por ella, precisamente por ella, una pecadora pública. El amor y el perdón son simultáneos: Dios le perdona mucho, le perdona todo, porque «ha amado mucho» (*Lc* 7, 47); y ella adora a Jesús porque percibe que en Él hay misericordia y no condena. Siente que Jesús la comprende con amor, a ella, que es una pecadora. Gracias a Jesús, Dios carga sobre sí sus muchos pecados, ya no los recuerda (cf. *Is* 43, 25). Porque también esto es verdad: cuando Dios perdona, olvida. ¡Es grande el perdón de Dios! Para ella ahora comienza un nuevo período; renace en el amor a una vida nueva.

Esta mujer encontró verdaderamente al Señor. En el silencio, le abrió su corazón; en el dolor, le mostró el arrepentimiento por sus pecados; con su llanto, hizo un llamamiento a la bondad divina para recibir el perdón. Para ella no habrá ningún juicio sino el que viene de Dios, y este es el juicio de la misericordia. El protagonista de este encuentro es ciertamente el amor, la misericordia que va más allá de la justicia.

Simón, el dueño de casa, el fariseo, al contrario, no logra encontrar el camino del amor. Todo está calculado, todo pensado... Él permanece inmóvil en el umbral de la formalidad. Es algo feo el amor formal, no se entiende. No es capaz de dar el paso sucesivo para ir al encuentro de Jesús que le trae la salvación. Simón se limitó a invitar a Jesús a comer, pero no lo acogió verdaderamente.

En sus pensamientos invoca solo la justicia y obrando así se equivoca. Su juicio acerca de la mujer lo aleja de la verdad y no le permite ni siquiera comprender quién es su huésped. Se detuvo en la superficie —en la formalidad—, no fue capaz de mirar al corazón. Ante la parábola de Jesús y la pregunta sobre cuál de los servidores había amado más, el fariseo respondió correctamente: «Supongo que aquel a quien le perdonó más». Y Jesús no deja de hacerle notar: «Has juzgado rectamente» (*Lc* 7, 43). Solo cuando el juicio de Simón se dirige al amor, entonces él está en lo correcto.

La llamada de Jesús nos impulsa a cada uno de nosotros a no detenerse jamás en la superficie de las cosas, sobre todo cuando estamos ante una persona. Estamos llamados a mirar más allá, a centrarnos en el corazón para ver de cuánta generosidad es capaz cada uno. Nadie puede ser excluido de la misericordia de Dios. Todos conocen el camino para acceder a ella y la Iglesia es la casa que acoge a todos y no rechaza a nadie. Sus puertas permanecen abiertas de par en par, para que quienes son tocados por la gracia puedan encontrar la certeza del perdón. Cuanto más grande es el pecado, mayor debe ser el amor que la Iglesia expresa hacia quienes se convierten. ¡Con cuánto amor nos mira Jesús!

—HOMILÍA, BASÍLICA DE SAN PEDRO, CELEBRACIÓN DE LA PENITENCIA,

13 DE MARZO DE 2015

JESÚS, ICONO PERFECTO DEL PADRE
MARCOS 9, 2-10

El pasaje evangélico narra el acontecimiento de la Transfiguración, que se sitúa en la cima del ministerio público de Jesús. Él está en camino hacia Jerusalén, donde se cumplirán las profecías del «Siervo de Dios» y se consumará su sacrificio redentor. La multitud no entendía esto: ante las perspectivas de un Mesías que contrasta con sus expectativas terrenas, lo abandonaron. Pero ellos pensaban que el Mesías sería un liberador del dominio de los romanos, un liberador de la patria, y esta perspectiva de Jesús no les gusta y lo abandonan.

Incluso los Apóstoles no entienden las palabras con las que Jesús anuncia el cumplimiento de su misión en la pasión gloriosa, ¡no comprenden! Jesús entonces toma la decisión de mostrar a Pedro, Santiago y Juan una anticipación de su gloria, la que tendrá después de la resurrección, para confirmarlos en la fe y alentarlos a seguirlo por la senda de la prueba, por el camino de la Cruz. Y, así, sobre un monte alto, inmerso en oración, se transfigura delante de ellos: su rostro y toda su persona irradian una luz resplandeciente. Los tres discípulos están asustados, mientras una nube los envuelve y desde lo alto resuena —como en el Bautismo en el Jordán— la voz del Padre: «Este es mi Hijo amado; escuchadlo» (*Mc* 9, 7). Jesús es el Hijo hecho Siervo, enviado al mundo para realizar a través de la Cruz el proyecto de la salvación, para salvarnos a todos nosotros. Su adhesión plena a la voluntad del Padre hace su humanidad transparente a la gloria de Dios, que es el Amor.

Jesús se revela así como el icono perfecto del Padre, la irradiación de su gloria. Es el cumplimiento de la revelación; por eso junto a Él transfigurado aparecen Moisés y Elías, que representan la Ley y los Profetas, para significar que todo termina y comienza en Jesús, en su pasión y en su gloria.

La consigna para los discípulos y para nosotros es esta: «¡Escuchadlo!». Escuchad a Jesús. Él es el Salvador: seguidlo. Escuchar a Cristo, en efecto, lleva a asumir la lógica de su misterio pascual, ponerse en camino con Él para hacer de la propia vida un don de amor para los demás, en dócil obediencia a la voluntad de Dios, con una actitud de desapego de las cosas mundanas y de libertad interior. Es necesario, en otras palabras, estar dispuestos a «perder la propia vida» (cf. *Mc* 8, 35), entregándola a fin de que todos los hombres se salven: así, nos encontraremos en la felicidad eterna. El camino de Jesús nos lleva siempre a la felicidad, ¡no lo olvidéis! El camino de Jesús nos lleva siempre a la felicidad. Habrá siempre una cruz en medio, pruebas, pero al final nos lleva siempre a la felicidad. Jesús no nos engaña, nos prometió la felicidad y nos la dará si vamos por sus caminos.

Con Pedro, Santiago y Juan subamos también nosotros hoy al monte de la Transfiguración y permanezcamos en contemplación del rostro de Jesús, para acoger su mensaje y traducirlo en nuestra vida; para que también nosotros podamos ser transfigurados por el Amor. En realidad, el amor es capaz de transfigurar todo. ¡El amor transfigura todo! ¿Creéis en esto? Que la Virgen María… nos sostenga en este camino.

—Discurso del Ángelus, Plaza de San Pedro, 1 de marzo de 2015

UN JUEGO DE MIRADAS
MATEO 9, 9-13

Celebramos la fiesta del apóstol y evangelista san Mateo. Celebramos la historia de una conversión. Él mismo, en su evangelio, nos cuenta cómo fue el encuentro que marcó su vida, él nos introduce en un «juego de miradas» que es capaz de transformar la historia.

Un día, como otro cualquiera, mientras estaba sentado en la mesa de recaudación de los impuestos, Jesús pasaba, lo vio, se acercó y le dijo: «"Sígueme". Y él, levantándose, lo siguió».

Jesús lo miró. Qué fuerza de amor tuvo la mirada de Jesús para movilizar a Mateo como lo hizo; qué fuerza han de haber tenido esos ojos para levantarlo. Sabemos que Mateo era un publicano, es decir, recaudaba impuestos de los judíos para dárselos a los romanos. Los publicanos eran mal vistos, incluso considerados pecadores, y por eso vivían apartados y despreciados de los demás. Con ellos no se podía comer, ni hablar, ni orar. Eran traidores para el pueblo: le sacaban a su gente para dárselo a otros. Los publicanos pertenecían a esta categoría social.

Y Jesús se detuvo, no pasó de largo precipitadamente, lo miró sin prisa, lo miró con paz. Lo miró con ojos de misericordia; lo miró como nadie lo había mirado antes. Y esa mirada abrió su corazón, lo hizo libre, lo sanó, le dio una esperanza, una nueva vida como a Zaqueo, a Bartimeo, a María Magdalena, a Pedro y también a cada uno de nosotros. Aunque no nos atrevemos a levantar los ojos al Señor, Él siempre nos mira primero. Es nuestra historia personal; al igual que muchos otros, cada uno de nosotros puede decir: yo también soy un pecador en el que Jesús puso su mirada. Los invito, que hoy en sus casas, o en la iglesia, cuando estén tranquilos, solos, hagan un momento de silencio para recordar con gratitud y alegría aquellas circunstancias, aquel momento en que la mirada misericordiosa de Dios se posó en nuestra vida.

Su amor nos precede, su mirada se adelanta a nuestra necesidad. Él sabe ver más allá de las apariencias, más allá del pecado, más allá del fracaso o de la indignidad. Sabe ver más allá de la categoría social a la que podemos pertenecer. Él ve más allá de todo eso. Él ve esa dignidad de hijo, que todos tenemos, tal vez ensuciada por el pecado, pero siempre presente en el fondo de nuestra alma. Es nuestra dignidad de hijo. Él ha venido precisamente a buscar a todos aquellos que se sienten indignos de Dios, indignos de los demás. Dejémonos mirar por Jesús, dejemos que su mirada recorra nuestras calles, dejemos que su mirada nos devuelva la alegría, la esperanza, el gozo de la vida.

Después de mirarlo con misericordia, el Señor le dijo a Mateo: «Sígueme». Y Mateo se levantó y lo siguió. Después de la mirada, la palabra. Tras el amor, la misión. Mateo ya no es el mismo; interiormente ha cambiado. El encuentro con Jesús, con su amor misericordioso, lo transformó. Y allá atrás quedó el banco de los impuestos, el dinero, su exclusión. Antes él esperaba sentado para recaudar, para sacarle a los otros, ahora con Jesús tiene que levantarse para dar, para entregar, para entregarse a los demás. Jesús lo miró y Mateo encontró la alegría en el servicio. Para Mateo, y para todo el que sintió la mirada de Jesús, sus conciudadanos no son aquellos a los que «se vive», se usa, se abusa. La mirada de Jesús genera una actividad misionera, de servicio, de entrega. Sus conciudadanos son aquellos a quienes Él sirve. Su amor cura nuestras miopías y nos estimula a mirar más allá, a no quedarnos en las apariencias o en lo políticamente correcto.

Jesús va delante, nos precede, abre el camino y nos invita a seguirlo. Nos invita a ir lentamente superando nuestros preconceptos, nuestras resistencias al cambio de los demás e incluso de nosotros mismos. Nos desafía día a día con una pregunta: ¿Crees? ¿Crees que es posible que un recaudador se transforme en servidor? ¿Crees que es posible que un traidor se vuelva un amigo? ¿Crees que es posible que el hijo de un carpintero sea el Hijo de Dios? Su mirada transforma nuestras miradas, su corazón transforma nuestro corazón. Dios es Padre que busca la salvación de todos sus hijos.

Dejémonos mirar por el Señor en la oración, en la Eucaristía, en la Confesión, en nuestros hermanos, especialmente en aquellos que se sienten dejados, más solos. Y aprendamos a mirar como Él nos mira. Compartamos su ternura y su misericordia con los enfermos, los presos, los ancianos, las familias en dificultad. Una y otra vez somos llamados a aprender de Jesús que mira siempre lo más auténtico que vive en cada persona, que es precisamente la imagen de su Padre.

—Homilía, misa en la Plaza de la Revolución, Holguín, Cuba, fiesta de san Mateo, 21 de septiembre de 2015

LLAMADOS A SERVIR
MARCOS 9, 30-37

Jesús les hace a sus discípulos una pregunta aparentemente indiscreta: «*¿De qué discutían por el camino?*» Una pregunta que también puede hacernos hoy: ¿De qué hablan cotidianamente? ¿Cuáles son sus aspiraciones? «*Ellos* —dice el Evangelio— *no contestaron, porque por el camino habían discutido sobre quién era el más importante*». (cf. 9, 34) Les daba vergüenza decirle a Jesús de lo que hablaban. Como a los discípulos de ayer, también hoy a nosotros, nos puede acompañar la misma discusión: ¿Quién es el más importante?

Jesús no insiste con la pregunta, no los obliga a responderle de qué hablaban por el camino, pero la pregunta permanece no solo en la mente, sino también en el corazón de los discípulos...

¿Quién es el más importante? Jesús es simple en su respuesta: «Quien quiera ser el primero —o sea el más importante— que sea el último de todos y el servidor de todos». (cf. Mc 9, 35). Quien quiera ser grande, que sirva a los demás, no que se sirva de los demás.

Y esta es la gran paradoja de Jesús. Los discípulos discutían quién ocuparía el lugar más importante, quién sería seleccionado como el privilegiado —¡eran los discípulos, los más cercanos a Jesús, y discutían sobre eso!—, quién estaría exceptuado de la ley común, de la norma general, para destacarse en un afán de superioridad sobre los demás. Quién escalaría más pronto para ocupar los cargos que darían ciertas ventajas.

Y Jesús les trastoca su lógica diciéndoles sencillamente que la vida auténtica se vive en el compromiso concreto con el prójimo. Es decir, sirviendo.

La invitación al servicio posee una peculiaridad a la que debemos estar atentos. Servir significa, en gran parte, cuidar la fragilidad. Servir significa cuidar a los frágiles de nuestras familias, de nuestra sociedad, de nuestro pueblo. Son los rostros sufrientes, desprotegidos y angustiados a los que Jesús propone mirar e invita concretamente a amar. Amor que se plasma en acciones y decisiones. Amor que se manifiesta en las distintas tareas que como ciudadanos estamos invitados a desarrollar. Son personas de carne y hueso, con su vida, su historia y especialmente con su fragilidad, las que Jesús nos invita a defender, a cuidar y a servir. Porque ser cristiano entraña servir la dignidad de sus hermanos, luchar por la dignidad de sus hermanos y vivir para la dignidad de sus hermanos. Por eso, el cristiano es invitado siempre a dejar de lado sus búsquedas, afanes, deseos de omnipotencia ante la mirada concreta de los más frágiles.

Hay un «servicio» que sirve a los otros; pero tenemos que cuidarnos del otro servicio, de la tentación del «servicio» que «se» sirve de los otros. Hay una forma de ejercer el servicio que tiene como interés el beneficiar a los «míos», en nombre de lo «nuestro». Ese servicio siempre deja a los «tuyos» por fuera, generando una dinámica de exclusión.

Todos estamos llamados por vocación cristiana al servicio que sirve y a ayudarnos mutuamente a no caer en las tentaciones del «servicio que se sirve». Todos estamos invitados, estimulados por Jesús a hacernos cargo los unos de los otros por amor. Y esto sin mirar de costado para ver lo que el vecino hace o ha dejado de hacer. Jesús dice: «Quien quiera ser el primero, que sea el último y el servidor de todos». Ese va a ser el primero. No dice, si tu vecino quiere ser el primero que sirva. Debemos cuidarnos de la mirada enjuiciadora y animarnos a creer en la mirada transformadora a la que nos invita Jesús.

Este hacernos cargo por amor no apunta a una actitud de servilismo, por el contrario, pone en el centro la cuestión del hermano: el servicio siempre mira el rostro del hermano, toca su carne, siente su proximidad y hasta en algunos casos la «padece» y busca la promoción del hermano. Por eso nunca el servicio es ideológico, ya que no se sirve a ideas, sino que se sirve a personas...

No nos olvidemos de la Buena Nueva de hoy: la importancia de un pueblo, de una nación; la importancia de una persona siempre se basa en cómo sirve la fragilidad de sus hermanos. Y en esto encontramos uno de los frutos de una verdadera humanidad.

Porque, queridos hermanos y hermanas, «quien no vive para servir, no sirve para vivir».

—Homilía, Misa en la Plaza de la Revolución, La Habana, Cuba, 20 de septiembre de 2015

PAN DE VIDA
JUAN 6, 51-58

El Evangelio de Juan presenta el discurso sobre el «pan de vida», pronunciado por Jesús en la sinagoga de Cafarnaún, en el cual afirma: «Yo soy el pan vivo que ha bajado del cielo; el que coma de este pan vivirá para siempre. Y el pan que yo daré es mi carne por la vida del mundo» (*Jn* 6, 51). Jesús subraya que no vino a este mundo para dar algo, sino para darse a sí mismo, su vida, como alimento para quienes tienen fe en Él. Esta comunión nuestra con el Señor nos compromete a nosotros, sus discípulos, a imitarlo, haciendo de nuestra vida, con nuestras actitudes, un pan partido para los demás, como el Maestro partió el pan que es realmente su carne. Para nosotros, en cambio, son los comportamientos generosos hacia el prójimo los que demuestran la actitud de partir la vida para los demás.

Cada vez que participamos en la santa misa y nos alimentamos del Cuerpo de Cristo, la presencia de Jesús y del Espíritu Santo obra en nosotros, plasma nuestro corazón, nos comunica actitudes interiores que se traducen en comportamientos según el Evangelio. Ante todo la docilidad a la Palabra de Dios, luego la fraternidad entre nosotros, el valor del testimonio cristiano, la fantasía de la caridad, la capacidad de dar esperanza a los desalentados y acoger a los excluidos. De este modo la Eucaristía hace madurar un estilo de vida cristiano.

La caridad de Cristo, acogida con corazón abierto, nos cambia, nos transforma, nos hace capaces de amar no según la medida humana, siempre limitada, sino según la medida de Dios. ¿Y cuál es la medida de Dios? ¡Sin medida! La medida de Dios es sin medida. ¡Todo! ¡Todo! ¡Todo! No se puede medir el amor de Dios: ¡es sin medida! Y así llegamos a ser capaces de amar también nosotros a quien no nos ama: y esto no es fácil.

Amar a quien no nos ama... ¡No es fácil! Porque si nosotros sabemos que una persona no nos quiere, también nosotros nos inclinamos por no quererla. Pero, ¡no! Debemos amar también a quien no nos ama. Oponernos al mal con el bien, perdonar, compartir, acoger. Gracias a Jesús y a su Espíritu, también nuestra vida llega a ser «pan partido» para nuestros hermanos.

Y viviendo así descubrimos la verdadera alegría. La alegría de convertirnos en don, para corresponder al gran don que nosotros hemos recibido antes, sin mérito de nuestra parte. Esto es hermoso: nuestra vida se hace don. Esto es imitar a Jesús. Quisiera recordar estas dos cosas. Primero: la medida del amor de Dios es amar sin medida. ¿Está claro esto? Y nuestra vida, con el amor de Jesús, al recibir la Eucaristía, se hace don. Como ha sido la vida de Jesús. No olvidar estas dos cosas: la medida del amor de Dios es amar sin medida; y siguiendo a Jesús, nosotros, con la Eucaristía, hacemos de nuestra vida un don.

Jesús, Pan de vida eterna, bajó del cielo y se hizo carne gracias a la fe de María santísima. Después de llevarlo consigo con inefable amor, Ella lo siguió fielmente hasta la cruz y la resurrección. Pidamos a la Virgen que nos ayude a redescubrir la belleza de la Eucaristía, y a hacer de ella el centro de nuestra vida, especialmente en la misa dominical y en la adoración.

—Discurso del Ángelus, Plaza de San Pedro, Solemnidad de Corpus Christi, 22 de junio de 2014

¿QUIÉN ES JESÚS PARA MÍ?
JUAN 6, 60-69

Hoy concluye la lectura del capítulo sexto del Evangelio de san Juan, con el discurso sobre el «Pan de vida» que Jesús pronunció el día después del milagro de la multiplicación de los panes y los peces.

Al final de su discurso, el gran entusiasmo del día anterior se desvaneció, porque Jesús había dicho que era el Pan bajado del cielo y que daría su carne como alimento y su sangre como bebida, aludiendo así claramente al sacrificio de su misma vida. Estas palabras suscitaron desilusión en la gente, que las juzgó indignas del Mesías, no «victoriosas». Algunos veían a Jesús como a un Mesías que debía hablar y actuar de modo que su misión tuviera un éxito inmediato. Pero, precisamente sobre esto se equivocaban: sobre el modo de entender la misión del Mesías. Ni siquiera los discípulos logran aceptar ese lenguaje inquietante del Maestro. Y el pasaje de hoy relata su malestar: «¡Este modo de hablar es duro!, —decían— ¿Quién puede hacerle caso?» (*Jn* 6, 60).

En realidad, ellos entendieron bien el discurso de Jesús. Tan bien que no quieren escucharlo, porque es un lenguaje que pone en crisis su mentalidad. Siempre las palabras de Jesús nos hacen entrar en crisis; en crisis, por ejemplo, ante el espíritu del mundo, ante la mundanidad. Pero Jesús ofrece la clave para superar la dificultad; una clave compuesta de tres elementos. Primero, su *origen divino*. Él ha bajado del cielo y subirá «adonde estaba antes» (v. 62). Segundo: sus palabras se pueden comprender sólo a través de *la acción del Espíritu Santo*, «quien da vida» (v. 63). Y es precisamente el Espíritu Santo el que nos hace comprender bien a Jesús. Tercero: la verdadera causa de la incomprensión de sus palabras es la *falta de fe*: «hay algunos de entre vosotros que no creen» (v. 64), dice Jesús. En efecto, desde ese momento, dice el Evangelio, «muchos discípulos suyos se echaron atrás y no volvieron a ir con Él» (v. 66). Frente a estas deserciones, Jesús no regatea ni atenúa sus palabras; es más, obliga a hacer una elección clara: o estar con Él o separarse de Él, y les dice a los Doce: «¿También vosotros queréis marcharos?» (v. 67).

Entonces, Pedro hace su confesión de fe en nombre de los otros Apóstoles: «Señor, ¿a quién vamos a acudir? Tú tienes palabras de Vida eterna» (v. 68). No dice: «¿dónde iremos?», sino «¿a quién iremos?». El problema de fondo no es ir y abandonar la obra emprendida, sino *a quién* ir.

De esa pregunta de Pedro, nosotros comprendemos que la fidelidad a Dios es una cuestión de fidelidad a una persona, a la cual nos adherimos para recorrer juntos un mismo camino. Y esta persona es Jesús. Todo lo que tenemos en el mundo no sacia nuestra hambre de infinito. ¡Tenemos necesidad de Jesús, de estar con Él, de alimentarnos en su mesa, con sus palabras de vida eterna! Creer en Jesús significa hacer de Él el centro, el sentido de nuestra vida. Cristo no es un elemento accesorio: es el «pan vivo», el alimento indispensable. Adherirse a Él, en una verdadera relación de fe y de amor, no significa estar encadenados, sino ser profundamente libres, siempre en camino. Cada uno de nosotros puede preguntarse: ¿quién es Jesús para mí? ¿Es un nombre, una idea, es solamente un personaje histórico?

O ¿es verdaderamente esa persona que me ama, que ha dado su vida por mí y camina conmigo? Para ti, ¿quién es Jesús? ¿Estás con Jesús? ¿Intentas conocerlo en su palabra? ¿Lees el Evangelio, todos los días un pasaje, para conocer a Jesús? ¿Llevas el Evangelio en el bolsillo, en la bolsa, para leerlo en cualquier lugar? Porque cuanto más estamos con Él, más crece el deseo de permanecer con Él. Ahora os pediré amablemente hacer un momento de silencio y que cada uno de nosotros en silencio, en su corazón, se pregunte: ¿Quién es Jesús para mí? En silencio, que cada uno responda en su corazón.

Que la Virgen María nos ayude a «ir» siempre a Jesús, para experimentar la libertad que Él nos ofrece, y que nos consiente limpiar nuestras elecciones de las incrustaciones mundanas y de los miedos.

—Discurso del ángelus, plaza de San Pedro,
23 de agosto de 2015

¡ACERQUÉMONOS A LA LUZ!
JUAN 9, 1-41

El Evangelio de hoy nos presenta el episodio del hombre ciego de nacimiento, a quien Jesús le da la vista. El largo relato inicia con un ciego que comienza a ver y concluye —es curioso esto— con presuntos videntes que siguen siendo ciegos en el alma. El milagro lo narra Juan en apenas dos versículos, porque el evangelista quiere atraer la atención no sobre el milagro en sí, sino sobre lo que sucede después, sobre las discusiones que suscita. Incluso sobre las habladurías; muchas veces una obra buena, una obra de caridad suscita críticas y discusiones, porque hay quienes no quieren ver la verdad.

El evangelista Juan quiere atraer la atención sobre esto que ocurre incluso en nuestros días cuando se realiza una obra buena. Al ciego curado lo interroga primero la multitud asombrada —han visto el milagro y lo interrogan—, luego los doctores de la ley; e interrogan también a sus padres. Al final, el ciego curado se acerca a la fe, y esta es la gracia más grande que le da Jesús: no sólo ver, sino conocerlo a Él, verlo a Él como «la luz del mundo» (*Jn* 9, 5).

Mientras que el ciego se acerca gradualmente a la luz, los doctores de la ley, al contrario, se hunden cada vez más en su ceguera interior. Cerrados en su presunción, creen tener ya la luz; por ello no se abren a la verdad de Jesús. Hacen todo lo posible por negar la evidencia, ponen en duda la identidad del hombre curado; luego niegan la acción de Dios en la curación, tomando como excusa que Dios no obra en día de sábado; llegan incluso a dudar de que ese hombre haya nacido ciego. Su cerrazón a la luz llega a ser agresiva y desemboca en la expulsión del templo del hombre curado.

El camino del ciego, en cambio, es un itinerario en etapas, que parte del conocimiento del nombre de Jesús. No conoce nada más sobre Él; en efecto dice: «Ese hombre que se llama Jesús hizo barro, me lo untó en los ojos» (v. 11). Tras las insistentes preguntas de los doctores de la ley, lo considera en un primer momento un profeta (v. 17) y luego un hombre cercano a Dios (v. 31).

Después que fue alejado del templo, excluido de la sociedad, Jesús lo encuentra de nuevo y le «abre los ojos» por segunda vez, revelándole la propia identidad: «Yo soy el Mesías», así le dice. A este punto el que había sido ciego exclamó: «Creo, Señor» (v. 38), y se postró ante Jesús. Este es un pasaje del Evangelio que hace ver el drama de la ceguera interior de mucha gente, también la nuestra porque nosotros algunas veces tenemos momentos de ceguera interior.

Nuestra vida, algunas veces, es semejante a la del ciego que se abrió a la luz, que se abrió a Dios, que se abrió a su gracia. A veces, lamentablemente, es un poco como la de los doctores de la ley: desde lo alto de nuestro orgullo juzgamos a los demás, incluso al Señor.

Hoy, somos invitados a abrirnos a la luz de Cristo para dar fruto en nuestra vida, para eliminar los comportamientos que no son cristianos; todos nosotros somos cristianos, pero todos nosotros, todos, algunas veces tenemos comportamientos no cristianos, comportamientos que son pecados. Debemos arrepentirnos de esto, eliminar estos comportamientos para caminar con decisión por el camino de la santidad, que tiene su origen en el Bautismo. También nosotros, en efecto, hemos sido «iluminados» por Cristo en el Bautismo, a fin de que, como nos recuerda san Pablo, podamos comportarnos como «hijos de la luz» (*Ef* 5, 9), con humildad, paciencia, misericordia. Estos doctores de la ley no tenían ni humildad ni paciencia ni misericordia.

Os sugiero que hoy, cuando volváis a casa, toméis el Evangelio de Juan y leáis este pasaje del capítulo 9. Os hará bien, porque así veréis esta senda de la ceguera hacia la luz y la otra senda nociva hacia una ceguera más profunda.

Preguntémonos: ¿cómo está nuestro corazón? ¿Tengo un corazón abierto o un corazón cerrado? ¿Abierto o cerrado hacia Dios? ¿Abierto o cerrado hacia el prójimo? Siempre tenemos en nosotros alguna cerrazón que nace del pecado, de las equivocaciones, de los errores. No debemos tener miedo. Abrámonos a la luz del Señor, Él nos espera siempre para hacer que veamos mejor, para darnos más luz, para perdonarnos. ¡No olvidemos esto!

—Discurso del Ángelus, Plaza de San Pedro,

30 de marzo de 2014

SAL FUERA DE TU TUMBA
JUAN 11, 1-45

Las tres lecturas de hoy nos hablan de Resurrección, nos hablan de vida. La hermosa promesa del Señor: «Yo mismo abriré vuestros sepulcros, y os sacaré de ellos» (*Ez* 37, 12), es la promesa del Señor que tiene la vida y tiene la fuerza de dar vida, para que los que están muertos puedan recuperar la vida. La segunda lectura nos dice que estamos bajo el Espíritu Santo y Cristo en nosotros, su Espíritu, nos resucitará. Y en la tercera lectura, el Evangelio, hemos visto cómo Jesús dio la vida a Lázaro. Lázaro, que estaba muerto, volvió a la vida.

Sencillamente quiero decir una cosa pequeña, pequeña. Todos nosotros tenemos dentro algunas zonas, algunas partes de nuestro corazón que no están vivas, que están un poco muertas; y algunos tienen muchos sectores del corazón muertos, una auténtica necrosis espiritual. Y cuando nosotros estamos en esta situación y nos damos cuenta de ello, tenemos ganas de salir de allí, pero no podemos. Solo el poder de Jesús, el poder de Jesús es capaz de ayudarnos a salir de estas zonas muertas del corazón, estas tumbas de pecado, que todos nosotros tenemos.

¡Todos somos pecadores! Pero si estamos muy apegados a estos sepulcros y los custodiamos dentro de nosotros y no queremos que todo nuestro corazón resucite a la vida, nos convertimos en corruptos y nuestra alma comienza a dar, como dice Marta, «mal olor» (cf. *Jn* 11, 39), el olor de esa persona que está apegada al pecado. Y la Cuaresma es un poco para esto. Para que todos nosotros, que somos pecadores, no acabemos apegados al pecado, sino que podamos escuchar lo que Jesús dijo a Lázaro: «Gritó con voz potente: "Lázaro, sal afuera"» (*Jn* 11, 43).

Hoy os invito a pensar un momento, en silencio, aquí: ¿dónde está mi necrosis interior? ¿Dónde está la parte muerta de mi alma? ¿Dónde está mi tumba? Pensad, un minutito, todos en silencio. Pensemos: ¿cuál es esa parte del corazón que se puede corromper, porque estoy apegado a los pecados o al pecado o a algún pecado? Y [los invito a] quitar la piedra, quitar la piedra de la vergüenza y dejar que el Señor nos diga, como dijo a Lázaro: «Sal afuera». Para que toda nuestra alma quede curada, resucite por el amor de Jesús, por la fuerza de Jesús. Él es capaz de perdonarnos.

Todos tenemos necesidad de ello. Todos. Todos somos pecadores, pero debemos estar atentos para no convertirnos en corruptos. Pecadores lo somos, pero Él nos perdona. Escuchemos la voz de Jesús que, con el poder de Dios, nos dice: «Sal afuera. Sal de esa tumba que tienes dentro. Sal. Yo te doy la vida, te doy la felicidad, te bendigo, y te quiero para mí».

Que el Señor hoy, en este domingo, que tanto nos habla de la Resurrección, nos dé a todos nosotros la gracia de resucitar de nuestros pecados, de salir de nuestras tumbas; con la voz de Jesús que nos llama, salir afuera, ir a Él.

—Homilía, Visita pastoral a la parroquia romana de San Gregorio Magno, 6 de abril de 2014

"QUEREMOS VER A JESÚS"

JUAN 12, 20-33

El evangelista Juan nos llama la atención con un particular curioso: algunos «griegos», de religión judía, llegados a Jerusalén para la fiesta de la Pascua, se dirigen al apóstol Felipe y le dicen: «Queremos ver a Jesús» (*Jn* 12, 21). En la ciudad santa, donde Jesús fue por última vez, hay mucha gente. Están los pequeños y los sencillos, que han acogido festivamente al profeta de Nazaret reconociendo en Él al Enviado del Señor. Están los sumos sacerdotes y los líderes del pueblo, que lo quieren eliminar porque lo consideran herético y peligroso. También hay personas, como esos «griegos», que tienen curiosidad por verlo y por saber más acerca de su persona y de las obras realizadas por Él, la última de las cuales —la resurrección de Lázaro— causó mucha sensación.

«Queremos ver a Jesús»: estas palabras, al igual que muchas otras en los Evangelios, van más allá del episodio particular y expresan algo universal; revelan un deseo que atraviesa épocas y culturas, un deseo presente en el corazón de muchas personas que han oído hablar de Cristo, pero no lo han encontrado aún. «Yo deseo ver a Jesús», así siente el corazón de esta gente.

Respondiendo indirectamente, de modo profético, a aquel pedido de poderlo ver, Jesús pronuncia una profecía que revela su identidad e indica el camino para conocerlo verdaderamente: «Ha llegado la hora de que sea glorificado el Hijo del hombre» (*Jn* 12, 23). ¡Es *la hora de la Cruz*! Es la hora de la derrota de Satanás, príncipe del mal, y del triunfo definitivo del amor misericordioso de Dios.

Cristo declara que será «*levantado sobre la tierra*» (v. 32), una expresión con doble significado: «levantado» en cuanto crucificado, y «levantado» porque fue exaltado por el Padre en la Resurrección, para atraer a todos hacia sí y reconciliar a los hombres con Dios y entre ellos. La hora de la Cruz, la más oscura de la historia, es también la fuente de salvación para todos los que creen en Él.

Continuando con la profecía sobre su Pascua ya inminente, Jesús usa una imagen sencilla y sugestiva, la del «*grano de trigo*» que, al caer en la tierra, muere para dar fruto (cf. v. 24). En esta imagen encontramos otro aspecto de la Cruz de Cristo: el de la fecundidad. La cruz de Cristo es fecunda. La muerte de Jesús, de hecho, es una fuente inagotable de vida nueva, porque lleva en sí la fuerza regeneradora del amor de Dios. Inmersos en este amor por el Bautismo, los cristianos pueden convertirse en «granos de trigo» y dar mucho fruto si, al igual que Jesús, «pierden la propia vida» por amor a Dios y a los hermanos (cf. v. 25).

Por este motivo, a aquellos que también hoy «quieren ver a Jesús», a los que están en búsqueda del rostro de Dios; a quien recibió una catequesis cuando era pequeño y luego no la profundizó más y quizá ha perdido la fe; a muchos que aún no han encontrado a Jesús personalmente...; a todas estas personas podemos ofrecerles tres cosas: el Evangelio; el Crucifijo y el testimonio de nuestra fe, pobre pero sincera.

El Evangelio: ahí podemos encontrar a Jesús, escucharlo, conocerlo. El Crucifijo: signo del amor de Jesús que se entregó por nosotros. Y luego, una fe que se traduce en gestos sencillos de caridad fraterna. Pero principalmente en la coherencia de vida: entre lo que decimos y lo que vivimos, coherencia entre nuestra fe y nuestra vida, entre nuestras palabras y nuestras acciones. Evangelio, Crucifijo y testimonio.

Que la Virgen nos ayude a llevar estas tres cosas.

—Discurso del Ángelus, Plaza de San Pedro,

22 de marzo de 2015

¡VENID A MÍ!
MATEO 11, 25-30

En el Evangelio de este domingo encontramos la invitación de Jesús. Dice así: «Venid a mí todos los que estáis cansados y agobiados, y yo os aliviaré» (*Mt* 11, 28). Cuando Jesús dice esto, tiene ante sus ojos a las personas que encuentra todos los días por los caminos de Galilea: mucha gente sencilla, pobres, enfermos, pecadores, marginados... Esta gente lo ha seguido siempre para escuchar su palabra —¡una palabra que daba esperanza! Las palabras de Jesús dan siempre esperanza— y también para tocar incluso sólo un borde de su manto.

Jesús mismo buscaba a estas multitudes cansadas y agobiadas como ovejas sin pastor (cf. *Mt* 9, 35-36) y las buscaba para anunciarles el Reino de Dios y para curar a muchos en el cuerpo y en el espíritu. Ahora los llama a todos a su lado: «Venid a mí», y les promete alivio y consuelo.

Esta invitación de Jesús se extiende hasta nuestros días, para llegar a muchos hermanos y hermanas oprimidos por precarias condiciones de vida, por situaciones existenciales difíciles y a veces privados de válidos puntos de referencia. En los países más pobres, pero también en las periferias de los países más ricos, se encuentran muchas personas cansadas y agobiadas bajo el peso insoportable del abandono y la indiferencia. La indiferencia: ¡cuánto mal hace a los necesitados la indiferencia humana! Y peor, ¡la indiferencia de los cristianos!

En los márgenes de la sociedad son muchos los hombres y mujeres probados por la indigencia, pero también por la insatisfacción de la vida y la frustración. Muchos se ven obligados a emigrar de su patria, poniendo en riesgo su propia vida. Muchos más cargan cada día el peso de un sistema económico que explota al hombre, le impone un «yugo» insoportable, que los pocos privilegiados no quieren llevar. A cada uno de estos hijos del Padre que está en los cielos, Jesús repite: «Venid a mí, todos vosotros». Lo dice también a quienes poseen todo, pero su corazón está vacío y sin Dios. También a ellos Jesús dirige esta invitación: «Venid a mí». La invitación de Jesús es para todos. Pero de manera especial para los que sufren más.

Jesús promete dar alivio a todos, pero nos hace también una invitación, que es como un mandamiento: «Tomad mi yugo sobre vosotros y aprended de mí, que soy manso y humilde de corazón» (*Mt* 11, 29). El «yugo» del Señor consiste en cargar con el peso de los demás con amor fraternal. Una vez recibido el alivio y el consuelo de Cristo, estamos llamados a su vez a convertirnos en descanso y consuelo para los hermanos, con actitud mansa y humilde, a imitación del Maestro. La mansedumbre y la humildad del corazón nos ayudan no solo a cargar con el peso de los demás, sino también a no cargar sobre ellos nuestros puntos de vista personales, y nuestros juicios, nuestras críticas o nuestra indiferencia.

Invoquemos a María santísima, que acoge bajo su manto a todas las personas cansadas y agobiadas, para que a través de una fe iluminada, testimoniada en la vida, podamos ser alivio para cuantos tienen necesidad de ayuda, de ternura, de esperanza.

—Discurso del Ángelus, Plaza de San Pedro, 6 de julio de 2014

LA PRIMACÍA DEL CORAZÓN
MARCOS 7, 1-8. 14-15. 21-23

El Evangelio de este domingo presenta una disputa entre Jesús y algunos fariseos y escribas. La discusión se refiere al valor de la «tradición de los antepasados» (*Mc* 7, 3) que Jesús, refiriéndose al profeta Isaías, define «preceptos humanos» (v. 7) y que nunca deben ocupar el lugar del «mandamiento de Dios» (v. 8). Las antiguas prescripciones en cuestión comprendían no solo los preceptos de Dios revelados a Moisés, sino también una serie de dictámenes que especificaban las indicaciones de la ley mosaica. Los interlocutores aplicaban tales normas de manera muy escrupulosa y las presentaban como expresión de auténtica religiosidad. Por eso recriminan a Jesús y a sus discípulos la transgresión de estas, en particular las que se refieren a la purificación exterior del cuerpo (cf. v. 5). La respuesta de Jesús tiene la fuerza de un pronunciamiento profético: «Dejáis a un lado el mandamiento de Dios —dice— para aferraros a la tradición de los hombres» (v. 8). Son palabras que nos llenan de admiración por nuestro Maestro: sentimos que en Él está la verdad y que su sabiduría nos libra de los prejuicios.

Pero ¡atención! Con estas palabras, Jesús quiere ponernos en guardia también a nosotros, hoy, del pensar que la observancia exterior de la ley sea suficiente para ser buenos cristianos. Como entonces para los fariseos, existe también para nosotros el peligro de creernos en lo correcto, o peor, mejores que los demás por el solo hecho de observar las reglas, las costumbres, aunque no amemos al prójimo, seamos duros de corazón, soberbios y orgullosos. La observancia literal de los preceptos es algo estéril si no cambia el corazón y no se traduce en actitudes concretas: abrirse al encuentro con Dios y a su Palabra, buscar la justicia y la paz, socorrer a los pobres, a los débiles, a los oprimidos. Todos sabemos, en nuestras comunidades, en nuestras parroquias, en nuestros barrios, cuánto daño hacen a la Iglesia y son motivo de escándalo, las personas que se dicen muy católicas y van a menudo a la iglesia, pero después, en su vida cotidiana, descuidan a la familia, hablan mal de los demás, etc. Esto es lo que Jesús condena porque es un antitestimonio cristiano.

Continuando su exhortación, Jesús se centra sobre un aspecto más profundo y afirma: «Nada que entra de fuera puede hacer al hombre impuro; lo que sale de dentro es lo que hace impuro al hombre» (v. 15). De esta manera subraya el primado de la interioridad, es decir, la primacía del «corazón»: no son las cosas exteriores las que nos hacen o no santos, sino que es el corazón el que expresa nuestras intenciones, nuestras elecciones y el deseo de hacerlo todo por amor de Dios. Las actitudes exteriores son la consecuencia de lo que hemos decidido en el corazón y no al revés: con actitudes exteriores, si el corazón no cambia, no somos verdaderos cristianos. La frontera entre el bien y el mal no está fuera de nosotros sino más bien dentro de nosotros. Podemos preguntarnos: ¿dónde está mi corazón? Jesús decía: «tu tesoro está donde está tu corazón» [Mateo 6, 21]. ¿Cuál es mi tesoro? ¿Es Jesús, es su doctrina? Entonces el corazón es bueno. O ¿el tesoro es otra cosa? Por lo tanto, es el corazón el que debe ser purificado y convertirse. Sin un corazón purificado, no se pueden tener manos verdaderamente limpias y labios que pronuncian palabras sinceras de amor —todo es doble, una doble vida—, labios que pronuncian palabras de misericordia, de perdón. Esto lo puede hacer sólo el corazón sincero y purificado.

Pidamos al Señor, por intercesión de la Virgen Santa, que nos dé un corazón puro, libre de toda hipocresía. Este es el adjetivo que Jesús da a los fariseos: «hipócritas», porque dicen una cosa y hacen otra. Un corazón libre de toda hipocresía, para que así seamos capaces de vivir según el espíritu de la ley y alcanzar su finalidad, que es el amor.

—Discurso del Ángelus, Plaza de San Pedro,
30 de agosto de 2015

"¡ÁBRETE!"

MARCOS 7, 31-37

El Evangelio de hoy relata la curación de un sordomudo por parte de Jesús, un acontecimiento prodigioso que muestra cómo Jesús restablece la plena comunicación del hombre con Dios y con los otros hombres. El milagro está ambientado en la zona de la Decápolis, es decir, en pleno territorio pagano; por lo tanto, ese sordomudo que es llevado ante Jesús se transforma en el símbolo del no creyente que cumple un camino hacia la fe. En efecto, su sordera expresa la incapacidad de escuchar y de comprender no solo las palabras de los hombres, sino también la Palabra de Dios. Y san Pablo nos recuerda que «la fe nace del mensaje que se escucha» (*Rm* 10, 17).

La primera cosa que Jesús hace es llevar a ese hombre lejos de la multitud: no quiere dar publicidad al gesto que va a realizar, pero no quiere tampoco que su palabra sea cubierta por la confusión de las voces y de las habladurías del entorno. La Palabra de Dios que Cristo nos transmite necesita silencio para ser acogida como Palabra que sana, que reconcilia y restablece la comunicación.

Se evidencian después dos gestos de Jesús. Él *toca las orejas y la lengua* del sordomudo. Para restablecer la relación con ese hombre «bloqueado» en la comunicación, busca primero restablecer el contacto. Pero el milagro es un don que viene de lo alto, que Jesús implora al Padre; por eso, *eleva los ojos al cielo y ordena*: «¡Ábrete!». Y los oídos del sordo se abren, se desata el nudo de su lengua y comienza a hablar correctamente (cf. v. 35).

La enseñanza que sacamos de este episodio es que Dios no está cerrado en sí mismo, sino que se abre y se pone en comunicación con la humanidad. En su inmensa misericordia, supera el abismo de la infinita diferencia entre Él y nosotros, y sale a nuestro encuentro. Para realizar esta comunicación con el hombre, Dios se hace hombre: no le basta hablarnos a través de la ley y de los profetas, sino que se hace presente en la persona de su Hijo, la Palabra hecha carne. Jesús es el gran «constructor de puentes» que construye en sí mismo el gran puente de la comunión plena con el Padre.

Pero este Evangelio nos habla también de nosotros: a menudo nosotros estamos replegados y encerrados en nosotros mismos, y creamos muchas islas inaccesibles e inhóspitas. Incluso las relaciones humanas más elementales a veces crean realidades incapaces de apertura recíproca: la pareja cerrada, la familia cerrada, el grupo cerrado, la parroquia cerrada, la patria cerrada. Y esto no es de Dios. Esto es nuestro, es nuestro pecado.

Sin embargo, en el origen de nuestra vida cristiana, en el Bautismo, están precisamente aquel gesto y aquella palabra de Jesús: «¡*Effatá*! – ¡Ábrete!» Y el milagro se cumplió: hemos sido curados de la sordera del egoísmo y del mutismo de la cerrazón y del pecado y hemos sido incorporados en la gran familia de la Iglesia; podemos escuchar a Dios que nos habla y comunicar su Palabra a cuantos no la han escuchado nunca o a quien la ha olvidado y sepultado bajo las espinas de las preocupaciones y de los engaños del mundo.

Pidamos a la Virgen santa, mujer de la escucha y del testimonio alegre, que nos sostenga en el compromiso de profesar nuestra fe y de comunicar las maravillas del Señor a quienes encontramos en nuestro camino.

—Discurso del Ángelus, Plaza de San Pedro,
6 de septiembre de 2015

LA PARÁBOLA DE LA SEMILLA
MATEO 13, 1-23

El Evangelio de este domingo nos presenta a Jesús predicando a orillas del lago de Galilea, y dado que lo rodeaba una gran multitud, subió a una barca, se alejó un poco de la orilla y predicaba desde allí. Cuando habla al pueblo, Jesús usa muchas parábolas: un lenguaje comprensible a todos, con imágenes tomadas de la naturaleza y de las situaciones de la vida cotidiana.

La primera que relata es una introducción a todas las parábolas: es la parábola del sembrador, que sin guardarse nada arroja su semilla en todo tipo de terreno. Y la verdadera protagonista de esta parábola es precisamente la semilla, que produce mayor o menor fruto según el terreno donde cae. Los primeros tres terrenos son improductivos: a lo largo del camino los pájaros se comen la semilla; en el terreno pedregoso los brotes se secan rápidamente porque no tienen raíz; en medio de las zarzas las espinas ahogan la semilla. El cuarto terreno es el terreno bueno, y sólo allí la semilla prende y da fruto.

En este caso, Jesús no se limitó a presentar la parábola; también la explicó a sus discípulos. La semilla que cayó en el camino indica a quienes escuchan el anuncio del reino de Dios pero no lo acogen; así llega el Maligno y se lo lleva. El Maligno, en efecto, no quiere que la semilla del Evangelio germine en el corazón de los hombres. Esta es la primera comparación.

La segunda es la de la semilla que cayó sobre las piedras: ella representa a las personas que escuchan la Palabra de Dios y la acogen inmediatamente, pero con superficialidad, porque no tienen raíces y son inconstantes; y cuando llegan las dificultades y las tribulaciones, estas personas se desaniman enseguida.

El tercer caso es el de la semilla que cayó entre las zarzas: Jesús explica que se refiere a las personas que escuchan la Palabra pero, a causa de las preocupaciones mundanas y de la seducción de la riqueza, se ahoga. Por último, la semilla que cayó en terreno fértil representa a quienes escuchan la Palabra, la acogen, la custodian y la comprenden, y la semilla da fruto. El modelo perfecto de esta tierra buena es la Virgen María.

Esta parábola habla hoy a cada uno de nosotros, como hablaba a quienes escuchaban a Jesús hace dos mil años. Nos recuerda que nosotros somos el terreno donde el Señor arroja incansablemente la semilla de su Palabra y de su amor. ¿Con qué disposición la acogemos? Y podemos plantearnos la pregunta: ¿cómo es nuestro corazón? ¿A qué terreno se parece: a un camino, a un pedregal, a una zarza? Depende de nosotros convertirnos en terreno bueno sin espinas ni piedras, pero trabajado y cultivado con cuidado, a fin de que pueda dar buenos frutos para nosotros y para nuestros hermanos.

Y nos hará bien no olvidar que también nosotros somos sembradores. Dios siembra semilla buena, y también aquí podemos plantearnos la pregunta: ¿qué tipo de semilla sale de nuestro corazón y de nuestra boca? Nuestras palabras pueden hacer mucho bien y también mucho mal; pueden curar y pueden herir; pueden alentar y pueden deprimir. Recordadlo: lo que cuenta no es lo que entra, sino lo que sale de la boca y del corazón.

Que la Virgen nos enseñe, con su ejemplo, a acoger la Palabra, custodiarla y hacerla fructificar en nosotros y en los demás.

—Discurso del Ángelus, Plaza de San Pedro, 13 de julio de 2014

DIOS ES PACIENTE
MATEO 13, 24-30. 36-43

En estos domingos la liturgia propone algunas parábolas evangélicas, es decir, breves narraciones que Jesús utilizaba para anunciar a la multitud el reino de los cielos. Entre las parábolas presentes en el Evangelio de hoy, hay una que es más bien compleja, de la cual Jesús da explicaciones a los discípulos: es la del trigo y la cizaña, que afronta el problema del mal en el mundo y pone de relieve la paciencia de Dios (cf. *Mt* 13, 24-30. 36-43).

La escena tiene lugar en un campo donde el dueño siembra el trigo; pero una noche llega el enemigo y siembra la cizaña, término que en hebreo deriva de la misma raíz del nombre «Satanás» y remite al concepto de división. Todos sabemos que el demonio es un «sembrador de cizaña», aquel que siempre busca dividir a las personas, las familias, las naciones y los pueblos. Los servidores quisieran quitar inmediatamente la hierba mala, pero el dueño lo impide con esta motivación: «No, que al recoger la cizaña podéis arrancar también el trigo» (*Mt* 13, 29). Porque todos sabemos que la cizaña, cuando crece, se parece mucho al trigo, y allí está el peligro que se confundan.

La enseñanza de la parábola es doble. Ante todo dice que el mal que hay en el mundo no proviene de Dios, sino de su enemigo, el Maligno. Es curioso, el maligno va de noche a sembrar la cizaña, en la oscuridad, en la confusión; él va donde no hay luz para sembrar la cizaña. Este enemigo es astuto: ha sembrado el mal en medio del bien, de tal modo que es imposible a nosotros hombres separarlos claramente; pero Dios, al final, podrá hacerlo.

Y aquí pasamos al segundo tema: la contraposición entre la impaciencia de los servidores y la paciente espera del propietario del campo, que representa a Dios. Nosotros a veces tenemos una gran prisa por juzgar, clasificar, poner de este lado a los buenos y del otro a los malos... Pero recordad la oración de ese hombre soberbio: «Oh Dios, te doy gracias porque yo soy bueno, no soy como los demás hombres, malos...» (cf. *Lc* 18, 11-12).

Dios en cambio sabe esperar. Él mira el «campo» de la vida de cada persona con paciencia y misericordia: ve mucho mejor que nosotros la suciedad y el mal, pero ve también los brotes de bien y espera con confianza que maduren. Dios es paciente, sabe esperar. Qué hermoso es esto: nuestro Dios es un padre paciente, que nos espera siempre y nos espera con el corazón en la mano para acogernos, para perdonarnos. Él nos perdona siempre si vamos a Él.

La actitud del propietario es la actitud de la esperanza fundada en la certeza de que el mal no tiene ni la primera ni la última palabra. Y es gracias a esta paciente esperanza de Dios que la cizaña misma, es decir el corazón malo con muchos pecados, al final puede llegar a ser buen trigo. Pero atención: la paciencia evangélica no es indiferencia al mal; no se puede crear confusión entre bien y mal. Ante la cizaña presente en el mundo, el discípulo del Señor está llamado a imitar la paciencia de Dios, alimentar la esperanza con el apoyo de una firme confianza en la victoria final del bien, es decir de Dios.

Al final, en efecto, el mal será quitado y eliminado: en el tiempo de la cosecha, es decir del juicio, los encargados de cosechar seguirán la orden del patrón separando la cizaña para quemarla (cf. *Mt* 13, 30). Ese día de la cosecha final el juez será Jesús, Aquél que ha sembrado el buen trigo en el mundo y que se ha convertido Él mismo en «grano de trigo», murió y resucitó.

Al final todos seremos juzgados con la misma medida con la cual hemos juzgado: la misericordia que hemos usado hacia los demás será usada también con nosotros. Pidamos a la Virgen, nuestra Madre, que nos ayude a crecer en paciencia, esperanza y misericordia con todos los hermanos.

—Discurso del Ángelus, Plaza de San Pedro,
20 de julio de 2014

DESCUBRIR EL REINO DE DIOS
Mateo 13, 44-52

Las breves semejanzas propuestas por la liturgia de hoy son la conclusión del capítulo del Evangelio de Mateo dedicado a las parábolas del reino de Dios. Entre ellas hay dos pequeñas obras maestras: las parábolas del tesoro escondido en el campo y la perla de gran valor. Ellas nos dicen que el descubrimiento del reino de Dios puede llegar de improviso como sucedió al campesino, que arando encontró el tesoro inesperado; o bien después de una larga búsqueda, como ocurrió al comerciante de perlas, que al final encontró la perla preciosísima que soñaba desde hacía tiempo.

Pero en un caso y en el otro permanece el dato primario de que el tesoro y la perla valen más que todos lo demás bienes, y, por lo tanto, el campesino y el comerciante, cuando los encuentran, renuncian a todo lo demás para poder adquirirlos. No tienen necesidad de hacer razonamientos, o de pensar en ello, de reflexionar: inmediatamente se dan cuenta del valor incomparable de aquello que han encontrado, y están dispuestos a perder todo con tal de tenerlo.

Así es para el reino de Dios: quien lo encuentra no tiene dudas, siente que es eso que buscaba, que esperaba y que responde a sus aspiraciones más auténticas. Y es verdaderamente así: quien conoce a Jesús, quien lo encuentra personalmente, queda fascinado, atraído por tanta bondad, tanta verdad, tanta belleza, y todo en una gran humildad y sencillez. Buscar a Jesús, encontrar a Jesús: ¡este es el gran tesoro!

Cuántas personas, cuántos santos y santas, leyendo con corazón abierto el Evangelio, quedaron tan conmovidos por Jesús que se convirtieron a Él. Pensemos en san Francisco de Asís: él ya era cristiano, pero un cristiano «al agua de rosas». Cuando leyó el Evangelio, en un momento decisivo de su juventud, encontró a Jesús y descubrió el reino de Dios, y entonces todos sus sueños de gloria terrena se desvanecieron. El Evangelio te permite conocer al verdadero Jesús, te hace conocer a Jesús vivo; te habla al corazón y te cambia la vida. Y entonces sí lo dejas todo. Puedes cambiar efectivamente de tipo de vida, o bien seguir haciendo lo que hacías antes pero *tú* eres otro, has renacido: has encontrado lo que da sentido, lo que da sabor, lo que da luz a todo, incluso a las fatigas, al sufrimiento y también a la muerte.

Leer el Evangelio. Leer el Evangelio. Ya hemos hablado de esto, ¿lo recordáis? Cada día leer un pasaje del Evangelio; y también llevar un pequeño Evangelio con nosotros, en el bolsillo, en la cartera, al alcance de la mano. Y allí, leyendo un pasaje encontraremos a Jesús. Todo adquiere sentido allí, en el Evangelio, donde encuentras este tesoro, que Jesús llama «el reino de Dios», es decir, Dios que reina en tu vida, en nuestra vida; Dios que es amor, paz y alegría en cada hombre y en todos los hombres. Esto es lo que Dios quiere, y esto es por lo que Jesús entregó su vida hasta morir en una cruz, para liberarnos del poder de las tinieblas y llevarnos al reino de la vida, de la belleza, de la bondad, de la alegría. Leer el Evangelio es encontrar a Jesús y tener esta alegría cristiana, que es un don del Espíritu Santo.

Queridos hermanos y hermanas, la alegría de haber encontrado el tesoro del reino de Dios se transparenta, se ve. El cristiano no puede mantener oculta su fe, porque se transparenta en cada palabra, en cada gesto, incluso en los más sencillos y cotidianos: se trasluce el amor que Dios nos ha donado a través de Jesús. Oremos, por intercesión de la Virgen María, para que venga a nosotros y a todo el mundo su reino de amor, justicia y paz.

—Discurso del Ángelus, Plaza de San Pedro,

27 de julio de 2014

COMPASIÓN... COMPARTIR... EUCARISTÍA
MATEO 14, 13-21

Este domingo el Evangelio nos presenta el milagro de la multiplicación de los panes y los peces. Jesús lo realizó en el lago de Galilea, en un sitio aislado donde se había retirado con sus discípulos tras enterarse de la muerte de Juan el Bautista. Pero muchas personas lo siguieron y lo encontraron; y Jesús, al verlas, sintió compasión y curó a los enfermos hasta la noche. Los discípulos, preocupados por la hora avanzada, le sugirieron que despidiese a la multitud para que pudiesen ir a los poblados a comprar algo para comer. Pero Jesús, tranquilamente, respondió: «Dadles vosotros de comer» (*Mt* 14, 16); y haciendo que le acercasen cinco panes y dos peces, los bendijo, y comenzó a repartirlos y a darlos a los discípulos, que los distribuían a la gente. Todos comieron hasta saciarse e incluso sobró.

En este hecho podemos percibir tres mensajes. El primero es la compasión. Ante la multitud que lo seguía y —por decirlo así— «no lo dejaba en paz», Jesús no reacciona con irritación, no dice: «Esta gente me molesta». No, no. Sino que reacciona con un sentimiento de compasión, porque sabe que no lo buscan por curiosidad, sino por necesidad. Pero estemos atentos: compasión —lo que siente Jesús— no es sencillamente sentir piedad; ¡es algo más! Significa compartir, es decir, identificarse con el sufrimiento de los demás, hasta el punto de cargarla sobre sí.

Así es Jesús: sufre junto con nosotros, sufre con nosotros, sufre por nosotros. Y la señal de esta compasión son las numerosas curaciones que hizo. Jesús nos enseña a anteponer las necesidades de los pobres a las nuestras. Nuestras exigencias, incluso siendo legítimas, no serán nunca tan urgentes como las de los pobres, que no tienen lo necesario para vivir. Nosotros hablamos a menudo de los pobres. Pero cuando hablamos de los pobres, ¿nos damos cuenta de que ese hombre, esa mujer, esos niños no tienen lo necesario para vivir? Que no tienen para comer, no tienen para vestirse, no tienen la posibilidad de tener medicinas. Incluso que los niños no tienen la posibilidad de ir a la escuela. Por ello, nuestras exigencias, incluso siendo legítimas, no serán nunca tan urgentes como las de los pobres que no tienen lo necesario para vivir.

El segundo mensaje es el compartir. El primero es la compasión, lo que sentía Jesús, el segundo es el compartir. Es útil confrontar la reacción de los discípulos, ante la gente cansada y hambrienta, con la de Jesús. Son distintas. Los discípulos piensan que es mejor despedirla, para que puedan ir a buscar el alimento. Jesús, en cambio, dice: dadles vosotros de comer (*Mt* 14, 16).

Dos reacciones distintas, que reflejan dos lógicas opuestas: los discípulos razonan según el mundo, para el cual cada uno debe pensar en sí mismo; razonan como si dijesen: «Arreglaos vosotros mismos». Jesús razona según la lógica de Dios, que es la de compartir. Cuántas veces nosotros miramos hacia otra parte para no ver a los hermanos necesitados. Y este mirar hacia otra parte es un modo educado de decir, con guante blanco, «arreglaos solos».

Y esto no es de Jesús: esto es egoísmo. Si hubiese despedido a la multitud, muchas personas hubiesen quedado sin comer.

En cambio, esos pocos panes y peces, compartidos y bendecidos por Dios, fueron suficientes para todos. ¡Y atención! No es magia, es un «signo»: un signo que invita a tener fe en Dios, Padre providente, quien no hace faltar «nuestro pan de cada día», si nosotros sabemos compartirlo como hermanos.

Compasión, compartir. Y el tercer mensaje: el prodigio de los panes prenuncia la Eucaristía. Se lo ve en el gesto de Jesús que «lo bendijo» (v. 19) antes de partir los panes y distribuirlos a la gente. Es el mismo gesto que Jesús realizará en la última Cena, cuando instituirá el memorial perpetuo de su Sacrificio redentor.

En la Eucaristía Jesús no da un pan, sino el pan de vida eterna, se dona a Sí mismo, entregándose al Padre por amor a nosotros. Y nosotros tenemos que ir a la Eucaristía con estos sentimientos de Jesús, es decir, la compasión y la voluntad de compartir. Quien va a la Eucaristía sin tener compasión hacia los necesitados y sin compartir, no está bien con Jesús.

Compasión, compartir, Eucaristía. Este es el camino que Jesús nos indica en este Evangelio. Un camino que nos conduce a afrontar con fraternidad las necesidades de este mundo, pero que nos conduce más allá de este mundo, porque parte de Dios Padre y vuelve a Él. Que la Virgen María, Madre de la divina Providencia, nos acompañe en este camino.

—Discurso del Ángelus, Plaza de San Pedro,

3 de agosto de 2014

A SALVO EN LA BARCA
MATEO 14, 22-33

El Evangelio de hoy nos presenta el episodio de Jesús que camina sobre las aguas del lago. Después de la multiplicación de los panes y los peces, Él invitó a los discípulos a subir a la barca e ir a la otra orilla, mientras Él despedía a la multitud, y luego se retiró completamente solo a rezar en el monte hasta avanzada la noche. Mientras tanto en el lago se levantó una fuerte tempestad, y precisamente en medio de la tempestad Jesús alcanzó la barca de los discípulos, caminando sobre las aguas del lago. Cuando lo vieron, los discípulos se asustaron, pensando que fuese un fantasma, pero Él los tranquilizó: «Ánimo, soy yo, no tengáis miedo» (v. 27). Pedro, con su típico impulso, le pidió casi una prueba: «Señor, si eres Tú, mándame ir a ti sobre el agua»; y Jesús le dijo: «Ven» (vv. 28-29). Pedro bajó de la barca y empezó a caminar sobre las aguas; pero el viento fuerte lo arrolló y comenzó a hundirse. Entonces gritó: «Señor, sálvame» (v. 30), y Jesús extendió la mano y lo agarró.

Este relato es una hermosa imagen de la fe del apóstol Pedro. En la voz de Jesús que le dice: «Ven», él reconoció el eco del primer encuentro en la orilla de ese mismo lago, e inmediatamente, una vez más, dejó la barca y se dirigió hacia el Maestro. Y caminó sobre las aguas. La respuesta confiada y disponible ante la llamada del Señor permite realizar siempre cosas extraordinarias.

Pero Jesús mismo nos dijo que somos capaces de hacer milagros con nuestra fe, la fe en Él, la fe en su palabra, la fe en su voz. En cambio Pedro comienza a hundirse en el momento en que aparta la mirada de Jesús y se deja arrollar por las adversidades que lo rodean. Pero el Señor está siempre allí, y cuando Pedro lo invoca, Jesús lo salva del peligro. En el personaje de Pedro, con sus impulsos y sus debilidades, se describe nuestra fe: siempre frágil y pobre, inquieta y con todo victoriosa, la fe del cristiano camina hacia el encuentro del Señor resucitado, en medio de las tempestades y peligros del mundo.

Es muy importante también la escena final. «En cuanto subieron a la barca, amainó el viento. Los de la barca se postraron ante Él diciendo: «¡Realmente eres Hijo de Dios!»» (vv. 32-33). Sobre la barca estaban todos los discípulos, unidos por la experiencia de la debilidad, de la duda, del miedo, de la «poca fe». Pero cuando a esa barca vuelve a subir Jesús, el clima cambia inmediatamente: todos se sienten unidos en la fe en Él. Todos, pequeños y asustados, se convierten en grandes en el momento en que se postran de rodillas y reconocen en su maestro al Hijo de Dios. ¡Cuántas veces también a nosotros nos sucede lo mismo! Sin Jesús, lejos de Jesús, nos sentimos asustados e inadecuados hasta el punto de pensar que ya no podemos seguir. ¡Falta la fe! Pero Jesús siempre está con nosotros, tal vez oculto, pero presente y dispuesto a sostenernos.

Esta es una imagen eficaz de la Iglesia: una barca que debe afrontar las tempestades y algunas veces parece estar en la situación de ser arrollada. Lo que la salva no son las cualidades y la valentía de sus hombres, sino la fe, que permite caminar incluso en la oscuridad, en medio de las dificultades. La fe nos da la seguridad de la presencia de Jesús siempre a nuestro lado, con su mano que nos sostiene para apartarnos del peligro. Todos nosotros estamos en esta barca, y aquí nos sentimos seguros a pesar de nuestros límites y nuestras debilidades. Estamos seguros sobre todo cuando sabemos ponernos de rodillas y adorar a Jesús, el único Señor de nuestra vida. A ello nos llama siempre nuestra Madre, la Virgen. A ella nos dirigimos confiados.

—DISCURSO DEL ÁNGELUS, PLAZA DE SAN PEDRO,
10 DE AGOSTO DE 2014

"Y USTEDES, ¿QUIÉN DICEN QUE SOY?"
MATEO 16, 13-20

El Evangelio de este domingo es el célebre pasaje, centrado en el relato de Mateo, en el cual Simón, en nombre de los Doce, profesa su fe en Jesús como «el Cristo, el Hijo del Dios vivo»; y Jesús llamó «bienaventurado» a Simón por su fe, reconociendo en ella un don especial del Padre, y le dijo: «Tú eres Pedro, y sobre esta piedra edificaré mi Iglesia».

Detengámonos un momento precisamente en este punto, en el hecho de que Jesús asigna a Simón este nuevo nombre: «Pedro», que en la lengua de Jesús suena «*Kefa*», una palabra que significa «roca». En la Biblia este término, «roca», se refiere a Dios. Jesús lo asigna a Simón no por sus cualidades o sus méritos humanos, sino por su fe genuina y firme, que le es dada de lo alto.

Jesús siente en su corazón una gran alegría, porque reconoce en Simón la mano del Padre, la acción del Espíritu Santo. Reconoce que Dios Padre dio a Simón una fe «fiable», sobre la cual Él, Jesús, podrá construir su Iglesia, es decir, su comunidad, con todos nosotros. Jesús tiene el propósito de dar vida a «su» Iglesia, un pueblo fundado ya no en la descendencia, sino en la fe, lo que quiere decir en la relación con Él mismo, una relación de amor y de confianza. Nuestra relación con Jesús construye la Iglesia. Y, por lo tanto, para iniciar su Iglesia Jesús necesita encontrar en los discípulos una fe sólida, una fe «fiable». Es esto lo que Él debe verificar en este punto del camino.

El Señor tiene en la mente la imagen de construir, la imagen de la comunidad como un edificio. He aquí por qué, cuando escucha la profesión de fe franca de Simón, lo llama «roca», y manifiesta la intención de construir su Iglesia sobre esta fe.

Hermanos y hermanas, esto que sucedió de modo único en san Pedro, sucede también en cada cristiano que madura una fe sincera en Jesús el Cristo, el Hijo del Dios vivo. El Evangelio de hoy interpela también a cada uno de nosotros. ¿Cómo va tu fe? Que cada uno responda en su corazón. ¿Cómo va tu fe? ¿Cómo encuentra el Señor nuestro corazón? ¿Un corazón firme como la piedra o un corazón arenoso, es decir, dudoso, desconfiado, incrédulo? Nos hará bien hoy pensar en esto.

Si el Señor encuentra en nuestro corazón una fe no digo perfecta, pero sincera, genuina, entonces Él ve también en nosotros las piedras vivas con la cuales construir su comunidad. De esta comunidad, la piedra fundamental es Cristo, piedra angular y única. Por su parte, Pedro es piedra, en cuanto fundamento visible de la unidad de la Iglesia; pero cada bautizado está llamado a ofrecer a Jesús la propia fe, pobre pero sincera, para que Él pueda seguir construyendo su Iglesia, hoy, en todas las partes del mundo.

También hoy mucha gente piensa que Jesús es un gran profeta, un maestro de sabiduría, un modelo de justicia... Y también hoy Jesús pregunta a sus discípulos, es decir a todos nosotros: «Y vosotros, ¿quién decís que soy yo?». ¿Qué responderemos? Pensemos en ello.

Pero sobre todo recemos a Dios Padre, por intercesión de la Virgen María; pidámosle que nos dé la gracia de responder, con corazón sincero: «Tú eres el Cristo, el Hijo del Dios vivo». Esta es una confesión de fe, este es precisamente «el credo». Repitámoslo juntos tres veces: «Tú eres el Cristo, el Hijo del Dios vivo».

—Discurso del Ángelus, Plaza de San Pedro,

24 de agosto de 2014

CONFIGURADOS A CRISTO
MATEO 16, 21-27

En el itinerario dominical con el Evangelio de Mateo, llegamos hoy al punto crucial en el que Jesús, tras verificar que Pedro y los otros once habían creído en Él como Mesías e Hijo de Dios, comenzó «a manifestar a sus discípulos que tenía que ir a Jerusalén y padecer allí mucho..., ser ejecutado y resucitar al tercer día» (16, 21). Es un momento crítico en el que emerge el contraste entre el modo de pensar de Jesús y el de los discípulos.

Pedro, incluso, siente el deber de reprender al Maestro, porque no puede atribuir al Mesías un final tan infame. Entonces Jesús, a su vez, reprende duramente a Pedro, lo pone «a raya», porque no piensa «como Dios, sino como los hombres» (cf. v. 23) y sin darse cuenta hace las veces de Satanás, el tentador. Sobre este punto insiste, en la liturgia de este domingo, también el apóstol Pablo, quien, al escribir a los cristianos de Roma, les dice: «No os amoldéis a este mundo, sino transformaos por la renovación de la mente, para que sepáis discernir cuál es la voluntad de Dios» (Rm 12, 2).

En efecto, nosotros cristianos vivimos en el mundo, plenamente incorporados en la realidad social y cultural de nuestro tiempo, y es justo que sea así; pero esto comporta el riesgo de convertirnos en «mundanos», el riesgo de que «la sal pierda el sabor», como diría Jesús (cf. Mt 5, 13), es decir, que el cristiano se «agüe», pierda la carga de novedad que le viene del Señor y del Espíritu Santo... Es triste encontrar cristianos «aguados», que se parecen al vino diluido, y no se sabe si son cristianos o mundanos, como el vino diluido no se sabe si es vino o agua. Es triste esto. Es triste encontrar cristianos que ya no son la sal de la tierra, y sabemos que cuando la sal pierde su sabor ya no sirve para nada. Su sal perdió el sabor porque se entregaron al espíritu del mundo, es decir, se convirtieron en mundanos.

Por ello es necesario renovarse continuamente recurriendo a la savia del Evangelio. ¿Cómo se puede hacer esto en la práctica? Ante todo leyendo y meditando el Evangelio cada día, de modo que la Palabra de Jesús esté siempre presente en nuestra vida. Recordadlo: os ayudará llevar siempre el Evangelio con vosotros: un pequeño Evangelio, en el bolsillo, en la cartera, y leer un pasaje durante el día. Pero siempre con el Evangelio, porque así se lleva la Palabra de Jesús y se la puede leer.

Además, participando en la misa dominical, donde encontramos al Señor en la comunidad, escuchamos su Palabra y recibimos la Eucaristía que nos une a Él y entre nosotros; y además son muy importantes para la renovación espiritual las jornadas de retiro y de ejercicios espirituales. Evangelio, Eucaristía y oración. No lo olvidéis: Evangelio, Eucaristía, oración. Gracias a estos dones del Señor podemos configurarnos no al mundo, sino a Cristo, y seguirlo por su camino, la senda del «perder la propia vida» para encontrarla de nuevo (v. 25). «Perderla» en el sentido de donarla, entregarla por amor y en el amor —y esto comporta sacrificio, incluso la cruz— para recibirla nuevamente purificada, libre del egoísmo y de la hipoteca de la muerte, llena de eternidad.

La Virgen María nos precede siempre en este camino; dejémonos guiar y acompañar por ella.

—Discurso del Ángelus, Plaza de San Pedro,
31 de agosto de 2014

TODOS SOMOS PECADORES
MATEO 18, 15-20

El Evangelio de este domingo, presenta el tema de la corrección fraterna en la comunidad de los creyentes: es decir, cómo debo corregir a otro cristiano cuando hace algo que no está bien. Jesús nos enseña que si mi hermano cristiano comete una falta en contra de mí, me ofende, yo debo tener caridad hacia él y, ante todo, hablarle personalmente, explicándole que lo que dijo o hizo no es bueno. ¿Y si el hermano no me escucha? Jesús sugiere una intervención progresiva: primero, vuelve a hablarle con otras dos o tres personas, para que sea mayormente consciente del error que cometió; si, con todo, no acoge la exhortación, hay que decirlo a la comunidad; y si no escucha ni siquiera a la comunidad, hay que hacerle notar la fractura y la separación que él mismo ha provocado, menoscabando la comunión con los hermanos en la fe.

Las etapas de este itinerario indican el esfuerzo que el Señor pide a su comunidad para acompañar a quien se equivoca, con el fin de que no se pierda. Es necesario, ante todo, evitar el clamor de la crónica y las habladurías de la comunidad —esto es lo primero, evitar esto—. «Repréndelo estando los dos a solas» (v. 15). La actitud es de delicadeza, prudencia, humildad y atención respecto a quien ha cometido una falta, evitando que las palabras puedan herir y matar al hermano. Porque, vosotros lo sabéis, también las palabras matan.

Cuando hablo mal, cuando hago una crítica injusta, cuando «le saco el cuero» a un hermano con mi lengua, esto es matar la fama del otro. También las palabras matan. Pongamos atención en esto. Al mismo tiempo, esta discreción de hablarle estando solo tiene el fin de no mortificar inútilmente al pecador. Se habla entre dos, nadie se da cuenta de ello y todo se acaba.

A la luz de esta exigencia es como se comprende también la serie sucesiva de intervenciones, que prevé la participación de algunos testigos y luego nada menos que de la comunidad. El objetivo es ayudar a la persona a darse cuenta de lo que ha hecho, y que con su culpa ofendió no sólo a uno, sino a todos. Pero también de ayudarnos a nosotros a liberarnos de la ira o del resentimiento, que sólo hacen daño: esa amargura del corazón que lleva a la ira y al resentimiento y que nos conducen a insultar y agredir. Es muy feo ver salir de la boca de un cristiano un insulto o una agresión. Es feo. ¿Entendido? ¡Nada de insultos! Insultar no es cristiano. ¿Entendido? Insultar no es cristiano.

En realidad, ante Dios todos somos pecadores y necesitados de perdón. Todos. Jesús, en efecto, nos dijo que no juzguemos. La corrección fraterna es un aspecto del amor y de la comunión que deben reinar en la comunidad cristiana, es un servicio mutuo que podemos y debemos prestarnos los unos a los otros. Corregir al hermano es un servicio, y es posible y eficaz sólo si cada uno se reconoce pecador y necesitado del perdón del Señor. La conciencia misma que me hace reconocer el error del otro, antes aún me recuerda que yo mismo me equivoqué y me equivoco muchas veces.

Por ello, al inicio de cada misa, somos invitados a reconocer ante el Señor que somos pecadores, expresando con las palabras y con los gestos el sincero arrepentimiento del corazón. Y decimos: «Ten piedad de mí, Señor. Soy pecador. Confieso, Dios omnipotente, mis pecados». Y no decimos: «Señor, ten piedad de este que está a mi lado, o de esta, que son pecadores». ¡No! «¡Ten piedad de mí!». Todos somos pecadores y necesitados del perdón del Señor. Es el Espíritu Santo quien habla a nuestro espíritu y nos hace reconocer nuestras culpas a la luz de la palabra de Jesús.

Es Jesús mismo que nos invita a todos a su mesa, santos y pecadores, recogiéndonos de las encrucijadas de los caminos, de las diversas situaciones de la vida (cf. *Mt* 22, 9-10). Y entre las condiciones que unen a los participantes en la celebración eucarística, dos son fundamentales, dos condiciones para ir bien a misa: todos somos pecadores y a todos Dios da su misericordia. Son dos condiciones que abren de par en par la puerta para entrar bien en la misa. Debemos recordar siempre esto antes de ir al hermano para la corrección fraterna.

—Discurso del Ángelus, Plaza de San Pedro,
7 de septiembre de 2014

LA INVITACIÓN DE DIOS ES UNIVERSAL
MATEO 22, 1-14

En el Evangelio de este domingo, Jesús nos habla de la respuesta que se da a la invitación de Dios —representado por un rey— a participar en un banquete de bodas. La invitación tiene tres características: la *gratuidad*, la *generosidad*, la *universalidad*. Son muchos los invitados, pero sucede algo sorprendente: ninguno de los escogidos acepta participar en la fiesta, dicen que tienen otras cosas que hacer; es más, algunos muestran indiferencia, extrañeza, incluso fastidio. Dios es bueno con nosotros, nos ofrece gratuitamente su amistad, nos ofrece gratuitamente su alegría, su salvación, pero muchas veces no acogemos sus dones, ponemos en primer lugar nuestras preocupaciones materiales, nuestros intereses; e incluso cuando el Señor nos llama, muchas veces parece que nos da fastidio.

Algunos invitados maltratan y matan a los siervos que entregan las invitaciones. Pero, no obstante la falta de adhesión de los llamados, el proyecto de Dios no se interrumpe. Ante el rechazo de los primeros invitados Él no se desalienta, no suspende la fiesta, sino que vuelve a proponer la invitación extendiéndola más allá de todo límite razonable y manda a sus siervos a las plazas y a los cruces de caminos a reunir a todos los que encuentren. Se trata de gente común, pobres, abandonados y desheredados, incluso buenos y malos —también los malos son invitados— sin distinción. Y la sala se llena de «excluidos». El Evangelio, rechazado por alguno, encuentra acogida inesperada en muchos otros corazones.

La bondad de Dios no tiene fronteras y no discrimina a nadie: por eso el banquete de los dones del Señor es universal, para todos. A todos se les da la posibilidad de responder a su invitación, a su llamada; nadie tiene el derecho de sentirse privilegiado o exigir una exclusiva. Todo esto nos induce a vencer la costumbre de situarnos cómodamente en el centro, como hacían los jefes de los sacerdotes y los fariseos. Esto no se debe hacer; debemos abrirnos a las periferias, reconociendo que también quien está al margen, incluso ese que es rechazado y despreciado por la sociedad es objeto de la generosidad de Dios. Todos estamos llamados a no reducir el Reino de Dios a las fronteras de la «iglesita» —nuestra «pequeña iglesita»— sino a dilatar la Iglesia a las dimensiones del Reino de Dios. Solamente hay una condición: vestir el traje de bodas, es decir, testimoniar la caridad hacia Dios y el prójimo.

Encomendamos a la intercesión de María santísima los dramas y las esperanzas de muchos hermanos y hermanas nuestros, excluidos, débiles, rechazados, despreciados, también los que son perseguidos a causa de la fe.

—Discurso del Ángelus, Plaza de San Pedro,
12 de octubre de 2014

SOLO DIOS ES EL SEÑOR
MATEO 22, 15-21

A cabamos de escuchar una de las frases más famosas de todo el Evangelio: «Dar al César lo que es del César y a Dios lo que es de Dios» (*Mt* 22, 21).

Jesús responde con esta frase irónica y genial a la provocación de los fariseos que, por decirlo de alguna manera, querían hacerle el examen de religión y ponerlo a prueba. Es una respuesta inmediata que el Señor da a todos aquellos que tienen problemas de conciencia, sobre todo cuando están en juego su conveniencia, sus riquezas, su prestigio, su poder y su fama. Y esto ha sucedido siempre.

Evidentemente, Jesús pone el acento en la segunda parte de la frase: «Y [dar] a Dios lo que es de Dios». Lo cual quiere decir reconocer y creer firmemente —frente a cualquier tipo de poder— que solo Dios es el Señor del hombre, y no hay ningún otro. Esta es la novedad perenne que hemos de redescubrir cada día, superando el temor que a menudo nos atenaza ante las sorpresas de Dios.

¡Él no tiene miedo de las novedades! Por eso, continuamente nos sorprende, mostrándonos y llevándonos por caminos imprevistos. Nos renueva, es decir, nos hace siempre "nuevos". Un cristiano que vive el Evangelio es "la novedad de Dios" en la Iglesia y en el mundo. Y a Dios le gusta mucho esta "novedad".

«Dar a Dios lo que es de Dios» significa estar dispuesto a hacer su voluntad y dedicarle nuestra vida y colaborar con su Reino de misericordia, de amor y de paz.

En eso reside nuestra verdadera fuerza, la levadura que fermenta y la sal que da sabor a todo esfuerzo humano contra el pesimismo generalizado que nos ofrece el mundo. En eso reside nuestra esperanza, porque la esperanza en Dios no es una huida de la realidad, no es una coartada: es ponerse manos a la obra para devolver a Dios lo que le pertenece. Por eso, el cristiano mira a la realidad futura, a la realidad de Dios, para vivir plenamente la vida —con los pies bien puestos en la tierra— y responder, con valentía, a los incesantes retos nuevos.

—Homilía, Plaza de San Pedro, Misa de conclusión del Sínodo extraordinario de la familia y beatificación de Pablo VI, 19 de octubre de 2014

LA LEY DE DOS ROSTROS:
LA LEY DEL AMOR
Mateo 22, 34-40

El Evangelio de hoy nos recuerda que toda la Ley divina se resume en el amor a Dios y al prójimo. El evangelista Mateo relata que algunos fariseos se pusieron de acuerdo para poner a prueba a Jesús (cf. 22, 34-35). Uno de ellos, un doctor de la ley, le hizo esta pregunta: «Maestro, ¿cuál es el mandamiento principal de la ley?» (v. 36). Jesús, citando el libro del Deuteronomio, le dijo: «Amarás al Señor tu Dios con todo tu corazón, con toda tu alma y con toda tu mente. Este mandamiento es el principal y primero» (vv. 37-38).

Y hubiese podido detenerse aquí. En cambio, Jesús añadió algo que no le había preguntado el doctor de la ley. Dijo: «El segundo es semejante a él: Amarás a tu prójimo como a ti mismo» (v. 39). Tampoco este segundo mandamiento Jesús lo inventa, sino que lo toma del libro del Levítico. Su novedad consiste precisamente en poner juntos estos dos mandamientos —el amor a Dios y el amor al prójimo— revelando que ellos son inseparables y complementarios, son las dos caras de una misma moneda. No se puede amar a Dios sin amar al prójimo y no se puede amar al prójimo sin amar a Dios. El Papa Benedicto nos dejó un bellísimo comentario al respecto en su primera encíclica, *Deus caritas est* (nn. 16-18).

En efecto, el signo visible que el cristiano puede mostrar para testimoniar al mundo y a los demás, a su familia, el amor de Dios es el amor a los hermanos. El mandamiento del amor a

Dios y al prójimo es el primero no porque está en la cima de la lista de los mandamientos. Jesús no lo puso en el vértice, sino en el centro, porque es el corazón desde el cual todo debe partir y al cual todo debe regresar y hacer referencia.

Ya en el Antiguo Testamento la exigencia de ser santos, a imagen de Dios que es santo, comprendía también el deber de hacerse cargo de las personas más débiles, como el extranjero, el huérfano, la viuda (cf. *Éx* 22, 20-26). Jesús conduce hacia su realización esta ley de alianza, Él que une en sí mismo, en su carne, la divinidad y la humanidad, en un único misterio de amor.

Ahora, a la luz de esta palabra de Jesús, el amor es la medida de la fe, y la fe es el alma del amor. Ya no podemos separar la vida religiosa, la vida de piedad del servicio a los hermanos, a aquellos hermanos concretos que encontramos. No podemos ya dividir la oración, el encuentro con Dios en los Sacramentos, de la escucha del otro, de la proximidad a su vida, especialmente a sus heridas. Recordad esto: el amor es la medida de la fe. ¿Cuánto amas tú? Y cada uno se da la respuesta. ¿Cómo es tu fe? Mi fe es como yo amo. Y la fe es el alma del amor.

En medio de la tupida selva de preceptos y prescripciones —a los legalismos de ayer y de hoy— Jesús abre una brecha que permite distinguir dos rostros: el rostro del Padre y el del hermano. No nos entrega dos fórmulas o dos preceptos: no son preceptos y fórmulas; nos entrega dos rostros, es más, un solo rostro, el de Dios que se refleja en muchos rostros, porque en el rostro de cada hermano, especialmente en el más pequeño, frágil, indefenso y necesitado, está presente la imagen misma de Dios. Y deberíamos preguntarnos, cuando encontramos a uno de estos hermanos, si somos capaces de reconocer en él el rostro de Dios: ¿somos capaces de hacer esto?

De este modo Jesús ofrece a cada hombre el criterio fundamental sobre el cual edificar la propia vida. Pero Él, sobre todo, nos donó el Espíritu Santo, que nos permite amar a Dios y al prójimo como Él, con corazón libre y generoso. Por intercesión de María, nuestra Madre, abrámonos para acoger este don del amor, para caminar siempre en esta ley de los dos rostros, que son un rostro solo: la ley del amor.

—Discurso del Ángelus, Plaza de San Pedro,

26 de octubre de 2014

PRODUZCAN FRUTO
CON SUS TALENTOS
MATEO 25, 14-30

El Evangelio de este domingo es la parábola de los talentos. Relata acerca de un hombre que, antes de partir para un viaje, convocó a sus siervos y les confió su patrimonio en talentos, monedas antiguas de grandísimo valor. Ese patrón dejó al primer siervo cinco talentos, al segundo dos, al tercero uno. Durante la ausencia del patrón, los tres siervos tenían que hacer fructificar ese patrimonio. El primer y el segundo siervo duplicaron cada uno el capital inicial; el tercero, en cambio, por miedo a perder todo, sepultó el talento recibido en un hoyo. Al regresar el patrón, los dos primeros recibieron la alabanza y la recompensa, mientras que el tercero, que restituyó solo la moneda recibida, fue reprendido y castigado.

Es claro el significado de esto. El hombre de la parábola representa a Jesús, los siervos somos nosotros y los talentos son el patrimonio que el Señor nos confía. ¿Cuál es el patrimonio? Su Palabra, la Eucaristía, la fe en el Padre celestial, su perdón... en definitiva, muchas cosas, sus bienes más preciosos. Este es el patrimonio que Él nos confía. No sólo para custodiar, sino para fructificar.

Mientras que en el uso común el término «talento» indica una destacada cualidad individual —por ejemplo el talento en la música, en el deporte, etc.—, en la parábola los talentos representan los bienes del Señor, que Él nos confía para que los hagamos fructificar. El hoyo cavado en la tierra por el «siervo negligente y holgazán» (v. 26) indica el miedo a arriesgar que bloquea la creatividad y la fecundidad del amor. Porque el miedo a los riesgos del amor nos bloquea. Jesús no nos pide que conservemos su gracia en una caja fuerte.

Jesús no nos pide esto, sino más bien quiere que la usemos en beneficio de los demás. Todos los bienes que hemos recibido son para darlos a los demás, y así crecen. Es como si nos dijera: «Aquí tienes mi misericordia, mi ternura, mi perdón: tómalos y haz amplio uso de ello». Y nosotros, ¿qué hemos hecho con ello? ¿A quién hemos «contagiado» con nuestra fe? ¿A cuántas personas hemos alentado con nuestra esperanza? ¿Cuánto amor hemos compartido con nuestro prójimo? Son preguntas que nos hará bien plantearnos. Cualquier ambiente, incluso el más lejano e inaccesible, puede convertirse en lugar donde fructifiquen los talentos. No existen situaciones o sitios que sean obstáculo para la presencia y el testimonio cristiano. El testimonio que Jesús nos pide no es cerrado, es abierto, depende de nosotros.

Esta parábola nos alienta a no esconder nuestra fe y nuestra pertenencia a Cristo, a no sepultar la Palabra del Evangelio, sino a hacerla circular en nuestra vida, en las relaciones, en las situaciones concretas, como fuerza que pone en crisis, que purifica y renueva. Así también el perdón que el Señor nos da especialmente en el sacramento de la Reconciliación: no lo tengamos cerrado en nosotros mismos, sino dejemos que irradie su fuerza, que haga caer los muros que levantó nuestro egoísmo, que nos haga dar el primer paso en las relaciones bloqueadas, retomar el diálogo donde ya no hay comunicación... Hacer que estos talentos, estos regalos, estos dones que el Señor nos dio, sean para los demás, crezcan, produzcan fruto, con nuestro testimonio.

Creo que hoy sería un hermoso gesto que cada uno de vosotros tomara el Evangelio en casa, el Evangelio de san Mateo, capítulo 25, versículos del 14 al 30, Mateo 25, 14-30, y leyera esto, y meditara un poco: «Los talentos, las riquezas, todo lo que Dios me ha dado de espiritual, de bondad, la Palabra de Dios, ¿cómo hago para que crezcan en los demás? ¿O sólo los cuido en la caja fuerte?».

Además, el Señor no da a todos las mismas cosas y de la misma forma: nos conoce personalmente y nos confía lo que es justo para nosotros; pero en todos, en todos hay algo igual: la misma e inmensa confianza. Dios se fía de nosotros, Dios tiene esperanza en nosotros. Y esto es lo mismo para todos. No lo decepcionemos. No nos dejemos engañar por el miedo, sino devolvamos confianza con confianza.

La Virgen María encarna esta actitud de la forma más hermosa y más plena. Ella recibió y acogió el don más sublime, Jesús en persona, y a su vez lo ofreció a la humanidad con corazón generoso. A ella le pedimos que nos ayude a ser «siervos buenos y fieles», para participar «en el gozo de nuestro Señor».

—Discurso del Ángelus, Plaza de San Pedro,
16 de noviembre de 2014

LA EUCARISTÍA: LA ESCUELA DEL AMOR
Marcos 14, 12-16. 22-26

Hoy se celebra en muchos países, entre ellos Italia, la solemnidad del Santísimo Cuerpo y Sangre de Cristo o, según la expresión en latín más conocida, la solemnidad del Corpus Christi.

El Evangelio presenta el relato de la institución de la Eucaristía, realizada por Jesús durante la última Cena, en el cenáculo de Jerusalén. La víspera de su muerte redentora en la cruz, Él realizó lo que había predicho: «Yo soy el pan vivo que ha bajado del cielo. El que coma de este pan vivirá para siempre, y el pan que yo daré es mi carne por la vida del mundo... El que come mi carne y bebe mi sangre habita en mí y yo en él» (*Jn* 6, 51.56). Jesús toma entre sus manos el pan y dice «Tomad, esto es mi Cuerpo» (*Mc* 14, 22). Con este gesto y con estas palabras, Él asigna al pan una función que no es más la de simple alimento físico, sino la de hacer presente su Persona en medio de la comunidad de los creyentes.

La Última Cena representa el punto de llegada de toda la vida de Cristo. No es solamente anticipación de su sacrificio que se realizará en la cruz, sino también síntesis de una existencia entregada por la salvación de toda la humanidad. Por lo tanto, no basta afirmar que en la Eucaristía Jesús está presente, sino que es necesario ver en ella la presencia de una vida donada y participar de ella. Cuando tomamos y comemos ese Pan, somos asociados a la vida de Jesús, entramos en comunión con Él, nos comprometemos a realizar la comunión entre nosotros, a transformar nuestra vida en don, sobre todo a los más pobres.

La fiesta de hoy evoca este mensaje solidario y nos impulsa a acoger la invitación íntima a la conversión y al servicio, al amor y al perdón. Nos estimula a convertirnos, con la vida, en imitadores de lo que celebramos en la liturgia. El Cristo, que nos nutre bajo las especies consagradas del pan y del vino, es el mismo que viene a nuestro encuentro en los acontecimientos cotidianos; está en el pobre que tiende la mano, está en el que sufre e implora ayuda, está en el hermano que pide nuestra disponibilidad y espera nuestra acogida. Está en el niño que no sabe nada de Jesús, de la salvación, que no tiene fe. Está en cada ser humano, también en el más pequeño e indefenso.

La Eucaristía, fuente de amor para la vida de la Iglesia, es escuela de caridad y solidaridad. Quien se nutre del Pan de Cristo no puede quedar indiferente ante los que no tienen el pan cotidiano. Y hoy, lo sabemos, es un problema cada vez más grave.

Que la fiesta del Corpus Christi inspire y alimente cada vez más en cada uno de nosotros el deseo y el compromiso por una sociedad acogedora y solidaria. Pongamos estos deseos en el corazón de la Virgen María, Mujer eucarística. Que Ella suscite en todos la alegría de participar en la santa misa, especialmente el domingo, y la valentía alegre de testimoniar la infinita caridad de Cristo.

—Discurso del Ángelus, Plaza de San Pedro,
Solemnidad de Corpus Christi, 7 de junio de 2015

PERMANECER EN JESÚS
JUAN 15, 1-8

Una palabra que Jesús repite a menudo, sobre todo durante la última Cena, es: «Permaneced en mí». No os separéis de mí, permaneced en mí. Y la vida cristiana es precisamente esto: permanecer en Jesús. Esta es la vida cristiana: permanecer en Jesús. Y Jesús, para explicarnos bien qué es lo que quiere decir con esto, usa esta hermosa imagen de la vid: «Yo soy la vid verdadera, vosotros los sarmientos» (cf. *Jn* 15, 1. 5). Y todo sarmiento que no está unido a la vid, muere, no da fruto; y luego es arrojado para hacer fuego. Sólo sirven para esto, para hacer fuego —son muy, muy útiles— pero no para dar fruto.

En cambio, los sarmientos que están unidos a la vid, reciben de la vid la savia vital y así se desarrollan, crecen y dan los frutos. Sencilla, sencilla la imagen. Permanecer en Jesús significa estar unido a Él para recibir de Él la vida, de Él el amor, de Él el Espíritu Santo. Es verdad, todos somos pecadores, pero si permanecemos en Jesús, como los sarmientos en la vid, el Señor viene, nos poda un poco, para que podamos dar más fruto. Él siempre nos cuida. Pero si nosotros nos separamos de ahí, no permanecemos en el Señor, somos cristianos de palabra nada más, pero no de vida; somos cristianos, pero muertos, porque no damos fruto, como los sarmientos separados de la vid.

Permanecer en Jesús quiere decir tener la voluntad de recibir de Él la vida, también el perdón, incluso la poda, pero recibirla de Él. Permanecer en Jesús significa buscar a Jesús, orar, la oración. Permanecer en Jesús significa acercarse a los sacramentos: la Eucaristía, la Reconciliación. Permanecer en Jesús —y esto es lo más difícil— significa hacer lo que hizo Jesús, tener la misma actitud de Jesús.

Pero cuando nosotros «despellejamos» a los demás [hablamos mal de los demás], por ejemplo, o cuando criticamos, no permanecemos en Jesús. Jesús jamás hizo esto. Cuando somos mentirosos, no permanecemos en Jesús. Él nunca lo hizo. Cuando engañamos a los demás con esos asuntos sucios que están al alcance de todos, somos sarmientos muertos, no permanecemos en Jesús. Permanecer en Jesús es hacer lo mismo que Él hacía: hacer el bien, ayudar a los demás, orar al Padre, curar a los enfermos, ayudar a los pobres, tener la alegría del Espíritu Santo.

Una hermosa pregunta para nosotros cristianos es esta: ¿Yo, permanezco en Jesús o estoy lejos de Jesús? ¿Estoy unido a la vid que me da vida o soy un sarmiento muerto, que es incapaz de dar fruto, de dar testimonio? Y existen también otros sarmientos, de los que Jesús no habla aquí, pero habla de ello en otra parte: los que se hacen ver como discípulos de Jesús, pero hacen lo contrario de un discípulo de Jesús, y son los sarmientos hipócritas.

Quizás van todos los domingos a misa, tal vez ponen la cara de santitos, todos piadosos, pero luego viven como si fueran paganos. Y a estos, Jesús, en el Evangelio, los llama hipócritas. Jesús es bueno, nos invita a permanecer en Él. Él nos da la fuerza, y si caemos en pecado —todos somos pecadores— Él nos perdona, porque Él es misericordioso. Pero lo que Él quiere son estas dos cosas: que permanezcamos en Él y que no seamos hipócritas. Y con esto una vida cristiana sigue adelante.

¿Y qué nos da el Señor si permanecemos en Él? Lo hemos escuchado: «Si permanecéis en mí y mis palabras permanecen en vosotros, pedid lo que deseáis, y se realizará» (*Jn* 15, 7). Una fuerza en la oración: «Pedid lo que deseáis», o sea, la oración potente, tanto que Jesús realiza lo que pedimos. Pero si nuestra oración es débil —si no se hace verdaderamente en Jesús— la oración no da sus frutos, porque el sarmiento no está unido a la vid. Pero si el sarmiento está unido a la vid, es decir, «si permanecéis en mí y mis palabras permanecen en vosotros, pedid lo que deseáis, y se realizará».

Y esta es la oración omnipotente. ¿De dónde viene esta omnipotencia de la oración? del permanecer en Jesús; del estar unido a Jesús, como el sarmiento a la vid. Que el Señor nos dé esta gracia.

—Homilía, Visita pastoral a la Parroquia romana *Santa Maria Regina Pacis* de Ostia,

3 de mayo de 2015

SIGAN EL CAMINO DEL AMOR
JUAN 15, 9-17

El Evangelio de hoy —san Juan, capítulo 15— nos vuelve a llevar al Cenáculo, donde escuchamos el mandamiento nuevo de Jesús. Dice así: «Este es mi mandamiento: que os améis unos a otros, como yo os he amado» (v. 12). Y, pensando en el sacrificio de la cruz ya inminente, añade: «Nadie tiene amor más grande que el que da la vida por sus amigos. Vosotros sois mis amigos si hacéis lo que yo os mando» (vv. 13-14). Estas palabras, pronunciadas durante la Última Cena, resumen todo el mensaje de Jesús; es más, resumen todo lo que Él hizo: Jesús dio la vida por sus amigos. Amigos que no lo habían comprendido, que en el momento crucial lo abandonaron, traicionaron y renegaron. Esto nos dice que Él nos ama aun sin ser merecedores de su amor: ¡así nos ama Jesús!

De este modo, Jesús nos muestra el camino para seguirlo, el camino del amor. Su mandamiento no es un simple precepto, que permanece siempre como algo abstracto o exterior a la vida. El mandamiento de Cristo es nuevo, porque Él, en primer lugar, lo realizó, le dio carne, y así la ley del amor se escribe una vez para siempre en el corazón del hombre (cf. *Jer* 31, 33). Y ¿cómo está escrita? Está escrita con el fuego del Espíritu Santo. Y con este mismo Espíritu, que Jesús nos da, podemos caminar también nosotros por este camino.

Es un camino concreto, un camino que nos conduce a salir de nosotros mismos para ir hacia los demás. Jesús nos mostró que el amor de Dios *se realiza en el amor al prójimo*. Ambos van juntos. Las páginas del Evangelio están llenas de este amor: adultos y niños, cultos e ignorantes, ricos y pobres, justos y pecadores han tenido acogida en el corazón de Cristo.

Por lo tanto, esta Palabra del Señor nos llama a amarnos unos a otros, incluso si no siempre nos entendemos y no siempre estamos de acuerdo, pero es precisamente allí donde se ve el amor cristiano. Un amor que también se manifiesta si existen diferencias de opinión o de carácter, ¡pero el amor es más grande que estas diferencias! Este es el amor que nos ha enseñado Jesús. Es un amor nuevo porque lo renueva Jesús y su Espíritu. Es un amor *redimido, liberado del egoísmo*. Un amor que *da alegría a nuestro corazón*, como dice Jesús mismo: «Os he hablado de esto para que mi alegría esté en vosotros, y vuestra alegría llegue a plenitud» (v. 11).

Es precisamente el amor de Cristo, que el Espíritu Santo derrama en nuestros corazones, el que realiza cada día prodigios en la Iglesia y en el mundo. Son muchos los pequeños y grandes gestos que obedecen al mandamiento del Señor: «Que os améis unos a otros, como yo os he amado» (cf. *Jn* 15, 12). Gestos pequeños, de todos los días, gestos de cercanía a un anciano, a un niño, a un enfermo, a una persona sola y con dificultades, sin casa, sin trabajo, inmigrante, refugiada... Gracias a la fuerza de esta Palabra de Cristo, cada uno de nosotros puede hacerse prójimo del hermano y la hermana que encuentra. Gestos de cercanía, de proximidad. En estos gestos se manifiesta el amor que Cristo nos enseñó.

Que en esto nos ayude nuestra Madre Santísima, para que en la vida cotidiana de cada uno de nosotros el amor de Dios y el amor del prójimo estén siempre unidos.

—DISCURSO REGINA CAELI, PLAZA DE SAN PEDRO, 10 DE MAYO DE 2015

¿DÓNDE ESTÁ MI CORAZÓN?
MATEO 26, 14–27, 66

Esta semana comienza con una procesión festiva con ramos de olivo: todo el pueblo acoge a Jesús. Los niños y los jóvenes cantan, alaban a Jesús.

Pero esta semana se encamina hacia el misterio de la muerte de Jesús y de su resurrección. Hemos escuchado la Pasión del Señor. Nos hará bien hacernos una sola pregunta: ¿Quién soy yo? ¿Quién soy yo ante mi Señor? ¿Quién soy yo ante Jesús que entra con fiesta en Jerusalén? ¿Soy capaz de expresar mi alegría, de alabarlo? ¿O guardo las distancias? ¿Quién soy yo ante Jesús que sufre?

Hemos oído muchos nombres, tantos nombres. El grupo de dirigentes religiosos, algunos sacerdotes, algunos fariseos, algunos maestros de la ley, que habían decidido matarlo. Estaban esperando la oportunidad de apresarlo. ¿Soy yo como uno de ellos?

También hemos oído otro nombre: Judas. Treinta monedas. ¿Yo soy como Judas? Hemos escuchado otros nombres: los discípulos que no entendían nada, quienes se durmieron mientras el Señor sufría. Mi vida, ¿está adormecida? ¿O soy como los discípulos, que no entendían lo que significaba traicionar a Jesús? ¿O como aquel otro discípulo que quería resolverlo todo con la espada? ¿Soy yo como ellos?

¿Soy yo como Judas, que finge amar y besa al Maestro para entregarlo, para traicionarlo? ¿Soy yo, un traidor? ¿Soy como aquellos dirigentes que organizan a toda prisa un tribunal y buscan falsos testigos? ¿Soy como ellos? Y cuando hago esto, si lo hago, ¿creo que de este modo salvo al pueblo?

¿Soy yo como Pilato? Cuando veo que la situación se pone difícil, ¿me lavo las manos y no sé asumir mi responsabilidad, dejando que condenen —o condenando yo mismo— a las personas?

¿Soy yo como aquel gentío que no sabía bien si se trataba de una reunión religiosa, de un juicio o de un circo, y que elige a Barrabás? Para ellos da igual: era más divertido, para humillar a Jesús.

¿Soy como los soldados que golpean al Señor, le escupen, lo insultan, se divierten humillando al Señor?

¿Soy como el Cireneo, que volvía del trabajo, cansado, pero que tuvo la buena voluntad de ayudar al Señor a llevar la cruz?

¿Soy como aquellos que pasaban ante la cruz y se burlaban de Jesús? «¡Él era tan valiente! Que baje de la cruz y creeremos en él». Mofarse de Jesús...

¿Soy yo como aquellas mujeres valientes, y como la Madre de Jesús, que estaban allí y sufrían en silencio?

¿Soy como José, el discípulo escondido, que lleva el cuerpo de Jesús con amor para enterrarlo?

¿Soy como las dos Marías que permanecen ante el sepulcro llorando y rezando?

¿Soy como aquellos jefes que al día siguiente fueron a Pilato para decirle: «Mira que este ha dicho que resucitaría. Que no haya otro engaño», y bloquean la vida, bloquean el sepulcro para defender la doctrina, para que no salte fuera la vida?

¿Dónde está mi corazón? ¿A cuál de estas personas me parezco? Que esta pregunta nos acompañe durante toda la semana.

—Homilía, Plaza de San Pedro,
Celebración del Domingo de Ramos, 13 de abril de 2014

DIOS VENCE EN EL FRACASO
MATEO 26, 14-25

Hoy, a mitad de la Semana Santa, la liturgia nos presenta un episodio triste: el relato de la traición de Judas, que se dirige a los jefes del Sanedrín para comerciar y entregarles a su Maestro. «¿Cuánto me dais si yo os lo entrego?» (*Mt* 25, 15). Jesús en ese momento tiene un precio. Este hecho dramático marca el inicio de la Pasión de Cristo, un itinerario doloroso que Él elige con absoluta libertad. Lo dice claramente Él mismo: «Yo entrego mi vida... Nadie me la quita, sino que yo la entrego libremente. Tengo poder para entregarla y tengo poder para recuperarla» (*Jn* 10, 17-18). Y así, con esta traición, comienza el camino de la humillación, del despojamiento de Jesús. Como si estuviese en el mercado: esto cuesta treinta denarios... Una vez iniciada la senda de la humillación y del despojamiento, Jesús la recorre hasta el final.

Jesús alcanza la completa humillación con la «muerte de cruz». Se trata de la peor muerte, la que se reservaba a los esclavos y a los delincuentes. Jesús era considerado un profeta, pero muere como un delincuente. Contemplando a Jesús en su pasión, vemos como en un espejo los sufrimientos de la humanidad y encontramos la respuesta divina al misterio del mal, del dolor, de la muerte.

Muchas veces sentimos horror por el mal y el dolor que nos rodea y nos preguntamos: «¿Por qué Dios lo permite?» Es una profunda herida para nosotros ver el sufrimiento y la muerte, especialmente de los inocentes. Cuando vemos sufrir a los niños se nos hace una herida en el corazón: es el misterio del mal. Y Jesús carga sobre sí todo este mal, todo este sufrimiento. Esta semana nos hará bien a todos nosotros mirar el crucifijo, besar las llagas de Jesús, besarlas en el crucifijo. Él cargó sobre sí todo el sufrimiento humano, se revistió con este sufrimiento.

Nosotros esperamos que Dios en su omnipotencia derrote la injusticia, el mal, el pecado y el sufrimiento con una victoria divina triunfante. Dios, en cambio, nos muestra una victoria humilde que humanamente parece un fracaso. Podemos decir que Dios vence en el fracaso. El Hijo de Dios, en efecto, se ve en la cruz como un hombre derrotado: sufre, es traicionado, es insultado y, por último, muere. Pero Jesús permite que el mal se ensañe con Él y lo carga sobre sí para vencerlo.

Su pasión no es un accidente; su muerte —esa muerte— estaba «escrita». En verdad, no encontramos muchas explicaciones. Se trata de un misterio desconcertante, el misterio de la gran humildad de Dios: «Tanto amó Dios al mundo, que entregó a su Unigénito» (*Jn* 3, 16). Esta semana pensemos mucho en el dolor de Jesús y digamos a nosotros mismos: «Esto es por mí. Incluso si yo hubiese sido la única persona en el mundo, Él lo habría hecho. Lo hizo por mí.» Besemos el crucifijo y digamos: "por mí, gracias Jesús, por mí."

Cuando todo parece perdido, cuando ya no queda nadie porque herirán «al pastor y se dispersarán las ovejas del rebaño» (*Mt* 26, 31), es entonces cuando Dios interviene con el poder de la resurrección. La resurrección de Jesús no es el final feliz de un hermoso cuento, no es el *happy end* de una película; sino la intervención de Dios Padre allí donde se rompe la esperanza humana. En el momento en el que todo parece perdido, en el momento del dolor, en el que muchas personas sienten la necesidad de bajar de la cruz, es el momento más cercano a la resurrección. La noche se hace más oscura precisamente antes de que comience la luz. En el momento más oscuro interviene Dios y resucita.

Jesús, que eligió pasar por esta senda, nos llama a seguirlo por su mismo camino de humillación. Cuando en ciertos momentos de la vida no encontramos algún camino de salida para nuestras dificultades, cuando nos precipitamos en la oscuridad más densa, es el momento de nuestra humillación y despojo total, la hora en la que experimentamos que somos frágiles y pecadores. Es precisamente entonces, en ese momento, que no debemos ocultar nuestro fracaso, sino abrirnos confiados a la esperanza en Dios, como hizo Jesús. Queridos hermanos y hermanas, en esta semana nos hará bien tomar el crucifijo en la mano y besarlo mucho, mucho, y decir: «gracias Jesús, gracias Señor.» Que así sea.

—Audiencia General, Plaza de San Pedro,
Miércoles Santo, 16 de abril de 2014

ENTRAR EN EL MISTERIO
MARCOS 16, 1-7

Esta noche es noche de vigilia. El Señor no duerme, vela el guardián de su pueblo (cf. *Sal* 121,4), para sacarlo de la esclavitud y para abrirle el camino de la libertad.

El Señor vela y, con la fuerza de su amor, hace pasar al pueblo a través del Mar Rojo; y hace pasar a Jesús a través del abismo de la muerte y de los infiernos.

Esta fue una noche de vela para los discípulos de Jesús. Noche de dolor y de temor. Los hombres permanecieron cerrados en el Cenáculo. Las mujeres, sin embargo, al alba del día siguiente al sábado, fueron al sepulcro para ungir el cuerpo de Jesús. Sus corazones estaban llenos de emoción y se preguntaban: «¿Cómo haremos para entrar?, ¿quién nos removerá la piedra de la tumba?» (cf. *Mc* 16, 7). Pero he aquí el primer signo del Acontecimiento: ¡la gran piedra ya había sido removida, y la tumba estaba abierta!

«Entraron en el sepulcro y vieron a un joven sentado a la derecha, vestido de blanco...» (*Mc* 16,5). Las mujeres fueron las primeras que vieron este gran signo: el sepulcro vacío; y fueron las primeras en entrar.

«Entraron en el sepulcro». En esta noche de vigilia, nos viene bien detenernos a reflexionar sobre la experiencia de las discípulas de Jesús, que también nos interpela a nosotros. Efectivamente, para eso estamos aquí: para entrar, para entrar en el misterio que Dios ha realizado con su vigilia de amor.

No se puede vivir la Pascua sin entrar en el misterio. No es un hecho intelectual, no es solo conocer, leer... Es más, es mucho más.

«Entrar en el misterio» significa capacidad de asombro, de contemplación; capacidad de escuchar el silencio y sentir el susurro de ese hilo de silencio sonoro en el que Dios nos habla (cf. *1 Re* 19, 12).

Entrar en el misterio nos exige no tener miedo de la realidad: no cerrarse en sí mismos, no huir ante lo que no entendemos, no cerrar los ojos frente a los problemas, no negarlos, no eliminar los interrogantes.

Entrar en el misterio significa ir más allá de las cómodas certezas, más allá de la pereza y la indiferencia que nos frenan, y ponerse en busca de la verdad, la belleza y el amor, buscar un sentido no ya descontado, una respuesta no trivial a las cuestiones que ponen en crisis nuestra fe, nuestra fidelidad y nuestra propia existencia.

Para entrar en el misterio se necesita humildad, la humildad de abajarse, de apearse del pedestal de nuestro "yo", tan orgulloso, de nuestra presunción; la humildad para redimensionar la propia estima, reconociendo lo que realmente somos: criaturas con virtudes y defectos, pecadores necesitados de perdón. Para entrar en el misterio hace falta este abajamiento, que es impotencia, vaciamiento de las propias idolatrías... en una palabra, debemos adorar. Sin adorar no se puede entrar en el misterio.

Todo esto nos enseñan las mujeres discípulas de Jesús. Velaron aquella noche, junto a la Madre. Y ella, la Virgen Madre, les ayudó a no perder la fe y la esperanza. Así, no permanecieron prisioneras del miedo y del dolor, sino que salieron con las primeras luces del alba, llevando en las manos sus ungüentos y con el corazón ungido de amor. Salieron y encontraron la tumba abierta. Y entraron. Velaron, salieron y entraron en el misterio. Aprendamos de ellas a velar con Dios y con María, nuestra Madre, para entrar en el misterio que nos hace pasar de la muerte a la vida.

—HOMILÍA, BASÍLICA DE SAN PEDRO, VIGILIA PASCUAL,
4 DE ABRIL DE 2015

¡VOLVED A GALILEA!
MATEO 28, 1-10

El Evangelio de la resurrección de Jesucristo comienza con el ir de las mujeres hacia el sepulcro, temprano en la mañana del día después del sábado. Se dirigen a la tumba, para honrar el cuerpo del Señor, pero la encuentran abierta y vacía. Un ángel poderoso les dice: «Vosotras no tengáis miedo» (*Mt* 28,5), y les manda llevar la noticia a los discípulos: «Ha resucitado de entre los muertos y va por delante de vosotros a Galilea» (v. 7). Las mujeres se marcharon a toda prisa y, durante el camino, Jesús les salió al encuentro y les dijo: «No temáis: id a comunicar a mis hermanos que vayan a Galilea; allí me verán» (v. 10). «No tengáis miedo», «no temáis»: es una voz que anima a abrir el corazón para recibir este mensaje.

Después de la muerte del Maestro, los discípulos se habían dispersado; su fe se deshizo, todo parecía que había terminado, derrumbadas las certezas, muertas las esperanzas. Pero entonces, aquel anuncio de las mujeres, aunque increíble, se presentó como un rayo de luz en la oscuridad. La noticia se difundió: Jesús ha resucitado, como había dicho. Y también el mandato de ir a Galilea; las mujeres lo habían oído dos veces, primero del ángel, después de Jesús mismo: «Que vayan a Galilea; allí me verán». «No temáis» y «vayan a Galilea».

Galilea es el lugar de la primera llamada, ¡donde todo empezó! Volver allí, volver al lugar de la primera llamada. Jesús pasó por la orilla del lago, mientras los pescadores estaban arreglando las redes. Los llamó, y ellos lo dejaron todo y lo siguieron (cf. *Mt* 4,18-22).

Volver a Galilea quiere decir releer todo a partir de la cruz y de la victoria; sin miedo, «no temáis». Releer todo: la predicación, los milagros, la nueva comunidad, los entusiasmos y las defecciones, hasta la traición; releer todo a partir del final, que es un nuevo comienzo, de este acto supremo de amor.

También para cada uno de nosotros hay una «Galilea» en el comienzo del camino con Jesús. «Ir a Galilea» tiene un significado bonito, significa para nosotros redescubrir nuestro bautismo como fuente viva, sacar energías nuevas de la raíz de nuestra fe y de nuestra experiencia cristiana. Volver a Galilea significa sobre todo volver allí, a ese punto incandescente en que la gracia de Dios me tocó al comienzo del camino. Con esta chispa puedo encender el fuego para el hoy, para cada día, y llevar calor y luz a mis hermanos y hermanas. Con esta chispa se enciende una alegría humilde, una alegría que no ofende el dolor y la desesperación, una alegría buena y serena.

En la vida del cristiano, después del bautismo, hay también otra «Galilea», una «Galilea» más existencial: la experiencia del encuentro personal con Jesucristo, que me ha llamado a seguirlo y participar en su misión. En este sentido, volver a Galilea significa custodiar en el corazón la memoria viva de esta llamada, cuando Jesús pasó por mi camino, me miró con misericordia, me pidió seguirlo; volver a Galilea significa recuperar la memoria de aquel momento en el que sus ojos se cruzaron con los míos, el momento en que me hizo sentir que me amaba.

Hoy, en esta noche, cada uno de nosotros puede preguntarse: ¿Cuál es mi Galilea? Se trata de hacer memoria, regresar con el recuerdo. ¿Dónde está mi Galilea? ¿La recuerdo? ¿La he olvidado? Búscala y la encontrarás. Allí te espera el Señor. "He andado por caminos y senderos que me la han hecho olvidar. Señor, ayúdame: dime cuál es mi Galilea; sabes, yo quiero volver allí para encontrarte y dejarme abrazar por tu misericordia." No tengáis miedo, no temáis, ¡volved a Galilea!

El evangelio es claro: es necesario volver allí, para ver a Jesús resucitado, y convertirse en testigos de su resurrección. No es un volver atrás, no es una nostalgia. Es volver al primer amor, para recibir el fuego que Jesús ha encendido en el mundo, y llevarlo a todos, a todos los extremos de la tierra. Volver a Galilea sin miedo.

«Galilea de los gentiles» (*Mt* 4,15; *Is* 8,23): horizonte del Resucitado, horizonte de la Iglesia; deseo intenso de encuentro… ¡Pongámonos en camino!

—Homilía, Basílica de San Pedro, Vigilia Pascual,
19 de abril de 2014

"¿POR QUÉ BUSCÁIS ENTRE LOS MUERTOS AL QUE VIVE?"

LUCAS 24, 1-12

Esta semana es la semana de la alegría: celebramos la Resurrección de Jesús. Es una alegría auténtica, profunda, basada en la certeza de que Cristo resucitado ya no muere más, sino que está vivo y operante en la Iglesia y en el mundo. Tal certeza habita en el corazón de los creyentes desde esa mañana de Pascua, cuando las mujeres fueron al sepulcro de Jesús y los ángeles les dijeron: «¿Por qué buscáis entre los muertos al que vive?» (*Lc* 24, 5).

«¿Por qué buscáis entre los muertos al que vive?». Estas palabras son como una piedra miliar en la historia; pero también una «piedra de tropiezo», si no nos abrimos a la Buena Noticia, si pensamos que da menos fastidio un Jesús muerto que un Jesús vivo. En cambio, cuántas veces, en nuestro camino cotidiano, necesitamos que nos digan: «¿Por qué buscáis entre los muertos al que vive?». Cuántas veces buscamos la vida entre las cosas muertas, entre las cosas que no pueden dar vida, entre las cosas que hoy están y mañana ya no estarán, las cosas que pasan... «¿Por qué buscáis entre los muertos al que vive?».

Lo necesitamos cuando nos encerramos en cualquier forma de egoísmo o de autocomplacencia; cuando nos dejamos seducir por los poderes terrenos y por las cosas de este mundo, olvidando a Dios y al prójimo; cuando ponemos nuestras esperanzas en vanidades mundanas, en el dinero, en el éxito. Entonces la Palabra de Dios nos dice: «¿Por qué buscáis entre los muertos al que vive?». ¿Por qué lo estás buscando allí? Eso no te puede dar vida. Sí, tal vez te dará una alegría de un minuto, de un día, de una semana, de un mes... ¿y luego? «¿Por qué buscáis entre los muertos al que vive?».

Esta frase debe entrar en el corazón y debemos repetirla. ¿La repetimos juntos tres veces? ¿Hacemos el esfuerzo? Todos: «¿Por qué buscáis entre los muertos al que vive?» [*El Papa repite con los fieles*]. Hoy, cuando volvamos a casa, digámosla desde el corazón, en silencio, y hagámonos esta pregunta: ¿por qué yo en la vida busco entre los muertos a aquél que vive? Nos hará bien.

No es fácil estar abiertos a Jesús. No se da por descontado aceptar la vida del Resucitado y su presencia en medio de nosotros. El Evangelio nos hace ver diversas reacciones: la del apóstol Tomás, la de María Magdalena y la de los dos discípulos de Emaús: nos hace bien confrontarnos con ellos. Tomás pone una condición a la fe, pide tocar la evidencia, las llagas; María Magdalena llora, lo ve pero no lo reconoce, se da cuenta de que es Jesús sólo cuando Él la llama por su nombre; los discípulos de Emaús, deprimidos y con sentimientos de fracaso, llegan al encuentro con Jesús dejándose acompañar por ese misterioso caminante. Cada uno por caminos distintos. Buscaban entre los muertos al que vive y fue el Señor mismo quien corrigió la ruta. Y yo, ¿qué hago? ¿Qué ruta sigo para encontrar a Cristo vivo? Él estará siempre cerca de nosotros para corregir la ruta si nos equivocamos.

«¿Por qué buscáis entre los muertos al que vive?» Esta pregunta nos hace superar la tentación de mirar hacia atrás, a lo que pasó ayer, y nos impulsa hacia adelante, hacia el futuro.

Jesús no está en el sepulcro, es el Resucitado. Él es el Viviente, Aquel que siempre renueva su cuerpo que es la Iglesia y le hace caminar atrayéndolo hacia Él. «Ayer» era la tumba de Jesús y la tumba de la Iglesia, el sepulcro de la verdad y de la justicia; «hoy» es la resurrección perenne hacia la que nos impulsa el Espíritu Santo, donándonos la plena libertad.

Hoy se dirige también a nosotros este interrogativo. Tú, ¿por qué buscas entre los muertos al que vive, tú que te cierras en ti mismo después de un fracaso y tú que no tienes ya la fuerza para rezar? ¿Por qué buscas entre los muertos al que está vivo, tú que te sientes solo, abandonado por los amigos o tal vez también por Dios? ¿Por qué buscas entre los muertos al que está vivo, tú que has perdido la esperanza y tú que te sientes encarcelado por tus pecados? ¿Por qué buscas entre los muertos al que está vivo, tú que aspiras a la belleza, a la perfección espiritual, a la justicia, a la paz?

Tenemos necesidad de escuchar y recordarnos recíprocamente la pregunta del ángel. Esta pregunta, «¿por qué buscáis entre los muertos al que vive?», nos ayuda a salir de nuestros espacios de tristeza y nos abre a los horizontes de la alegría y de la esperanza. Esa esperanza que mueve las piedras de los sepulcros y alienta a anunciar la Buena Noticia, capaz de generar vida nueva para los demás. Repitamos esta frase del ángel para tenerla en el corazón y en la memoria y luego cada uno responda en silencio: «¿Por qué buscáis entre los muertos al que vive?». ¡Repitámosla! [*El Papa repite con la multitud*]. Mirad hermanos y hermanas, Él está vivo, está con nosotros. No vayamos a los numerosos sepulcros que hoy te prometen algo, belleza, y luego no te dan nada. ¡Él está vivo! ¡No busquemos entre los muertos al que vive! Gracias.

—Audiencia General, Plaza de San Pedro, 23 de abril de 2014

FORTALECIDOS POR EL ESPÍRITU
JUAN 20, 19-23

«Como el Padre me ha enviado, así también os envío yo... recibid el Espíritu Santo» (*Jn* 20, 21. 22), así dice Jesús. La efusión que se dio en la tarde de la resurrección se repite en el día de Pentecostés, reforzada por extraordinarias manifestaciones exteriores.

La tarde de Pascua Jesús se aparece a sus discípulos y sopla sobre ellos su Espíritu (cf. *Jn* 20, 22); en la mañana de Pentecostés la efusión se produce de manera fragorosa, como un viento que se abate impetuoso sobre la casa e irrumpe en las mentes y en los corazones de los Apóstoles. En consecuencia reciben una energía tal que los empuja a anunciar en diversos idiomas el evento de la resurrección de Cristo: «Se llenaron todos de Espíritu Santo y empezaron a hablar en otras lenguas» (*Hch* 2, 4). Junto a ellos estaba María, la Madre de Jesús, la primera discípula, y allí Madre de la Iglesia naciente. Con su paz, con su sonrisa, con su maternidad, acompañaba el gozo de la joven Esposa, la Iglesia de Jesús.

La Palabra de Dios, hoy de modo especial, nos dice que el Espíritu actúa, en las personas y en las comunidades que están colmadas de él, las hace capaces de *recipere Deum* [recibir a Dios], *capax Dei* [capaces de Dios], dicen los Santos Padres de la Iglesia. Y, ¿qué es lo que hace el Espíritu Santo mediante esta nueva capacidad que nos da? *Guía hasta la verdad plena* (*Jn* 16, 13), *renueva la tierra* (*Sal* 103) y *da sus frutos* (*Ga* 5, 22-23). Guía, renueva y fructifica.

En el Evangelio, Jesús promete a sus discípulos que, cuando él haya regresado al Padre, vendrá el Espíritu Santo que los «guiará hasta la verdad plena» (*Jn* 16, 13). Lo llama precisamente «Espíritu de la verdad» y les explica que su acción será la de introducirles cada vez más en la comprensión de aquello que él, el Mesías, ha dicho y hecho, de modo particular de su muerte y de su resurrección. A los Apóstoles, incapaces de soportar el escándalo de la pasión de su Maestro, el Espíritu les dará una nueva clave de lectura para introducirles en la verdad y en la belleza del evento de la salvación.

Estos hombres, antes asustados y paralizados, encerrados en el cenáculo para evitar las consecuencias del Viernes Santo, ya no se avergonzarán de ser discípulos de Cristo, ya no temblarán ante los tribunales humanos. Gracias al Espíritu Santo del cual están llenos, ellos comprenden «toda la verdad», esto es: que la muerte de Jesús no es su derrota, sino la expresión extrema del amor de Dios. Amor que en la Resurrección vence a la muerte y exalta a Jesús como el Viviente, el Señor, el Redentor del hombre, el Señor de la historia y del mundo. Y esta realidad, de la cual ellos son testigos, se convierte en Buena Noticia que se debe anunciar a todos.

El Espíritu Santo renueva —guía y renueva— *renueva la tierra*. El Salmo dice: «Envías tu espíritu... y repueblas la faz tierra» (*Sal* 103, 30). El relato de los Hechos de los Apóstoles sobre el nacimiento de la Iglesia encuentra una correspondencia significativa en este salmo, que es una gran alabanza a Dios Creador. El Espíritu Santo que Cristo ha mandado de junto al

Padre, y el Espíritu Creador que ha dado vida a cada cosa, son uno y el mismo.

Por eso, el respeto de la creación es una exigencia de nuestra fe: el "jardín" en el cual vivimos no se nos ha confiado para que abusemos de él, sino para que lo cultivemos y lo custodiemos con respeto (cf. *Gn* 2, 15). Pero esto es posible solamente si Adán —el hombre formado con tierra— se deja a su vez renovar por el Espíritu Santo, si se deja reformar por el Padre según el modelo de Cristo, nuevo Adán.

Entonces sí, renovados por el Espíritu, podemos vivir la libertad de los hijos en armonía con toda la creación y en cada criatura podemos reconocer un reflejo de la gloria del Creador, como afirma otro salmo: «¡Señor, Dios nuestro, que admirable es tu nombre en toda la tierra!» (*Sal* 8, 2.10). Él guía, renueva y da, da fruto.

En la carta a los Gálatas, san Pablo quiere mostrar cuál es el "fruto" que se manifiesta en la vida de aquellos que caminan según el Espíritu (cf. 5, 22). Por un lado está la «carne», acompañada por sus vicios que el Apóstol nombra, y que son las obras del hombre egoísta, cerrado a la acción de la gracia de Dios. En cambio, en el hombre que con fe deja que el Espíritu de Dios irrumpa en él, florecen los dones divinos, resumidos en las nueve virtudes gozosas que Pablo llama «fruto del Espíritu». De aquí la llamada, repetida al inicio y en la conclusión, como un programa de vida: «Caminad según el Espíritu» (*Ga* 5, 16.25).

El mundo tiene necesidad de hombres y mujeres no cerrados, sino llenos de Espíritu Santo. El estar cerrados al Espíritu Santo no es solamente falta de libertad, sino también pecado. Existen muchos modos de cerrarse al Espíritu Santo: en el egoísmo del propio interés, en el legalismo rígido —como la actitud de los doctores de la ley que Jesús llama hipócritas—, en la falta de memoria de todo aquello que Jesús ha enseñado, en el vivir la vida cristiana no como servicio sino como interés personal, entre otras cosas.

En cambio, el mundo tiene necesidad del valor, de la esperanza, de la fe y de la perseverancia de los discípulos de Cristo. El mundo necesita los frutos, los dones del Espíritu Santo, como enumera san Pablo: «amor, alegría, paz, paciencia, afabilidad, bondad, lealtad, modestia, dominio de sí» (*Ga* 5, 22). El don del Espíritu Santo ha sido dado en abundancia a la Iglesia y a cada uno de nosotros, para que podamos vivir con fe genuina y caridad operante, para que podamos difundir la semilla de la reconciliación y de la paz.

Fortalecidos por el Espíritu Santo —que guía, nos guía a la verdad, que nos renueva a nosotros y a toda la tierra, y que nos da los frutos—, fortalecidos en el Espíritu y por estos múltiples dones, llegamos a ser capaces de luchar, sin concesión alguna, contra el pecado, de luchar, sin concesión alguna, contra la corrupción que, día tras día, se extiende cada vez más en el mundo, y de dedicarnos con paciente perseverancia a las obras de la justicia y de la paz.

—Homilía, Basílica de San Pedro, Solemnidad de Pentecostés, 24 de mayo de 2015

JESÚS, EL ROSTRO DE LA MISERICORDIA DEL PADRE

JUAN 20, 19-31

El Evangelio de Juan nos documenta las dos apariciones de Jesús resucitado a los Apóstoles reunidos en el Cenáculo: la de la tarde de Pascua, en la que Tomás estaba ausente, y aquella después de ocho días, con Tomás presente. La primera vez, el Señor mostró a los discípulos las heridas de su cuerpo, sopló sobre ellos y dijo: «Como el Padre me ha enviado, así también os envío yo» (*Jn* 20, 21). Les transmite su misma misión, con la fuerza del Espíritu Santo.

Pero esa tarde faltaba Tomás, el cual no quiso creer en el testimonio de los otros. «Si no veo y no toco sus llagas —dice—, no lo creeré» (cf. *Jn* 20, 25). Ocho días después, Jesús vuelve a presentarse en medio de los suyos y se dirige inmediatamente a Tomás, invitándolo a tocar las heridas de sus manos y de su costado. Va al encuentro de su incredulidad, para que, a través de los signos de la pasión, pueda alcanzar la plenitud de la fe pascual, es decir la fe en la resurrección de Jesús.

Tomás es uno que no se contenta y busca, pretende constatar él mismo, tener una experiencia personal. Tras las iniciales resistencias e inquietudes, al final también él llega a creer, aunque avanzando con fatiga, pero llega a la fe. Jesús lo espera con paciencia y se muestra disponible ante las dificultades e inseguridades del último en llegar. El Señor proclama «bienaventurados» a aquellos que creen sin ver (cf. v. 29), y la primera de estos es María su Madre.

Pero va también al encuentro de la exigencia del discípulo incrédulo: «Trae tu dedo, aquí tienes mis manos...» (v. 27). En el contacto salvífico con las llagas del Resucitado, Tomás manifiesta las propias heridas, las propias llagas, las propias laceraciones, la propia humillación; en la marca de los clavos encuentra la prueba decisiva de que era amado, esperado, entendido. Se encuentra frente a un Mesías lleno de dulzura, de misericordia, de ternura. Era ese el Señor que buscaba, él, en las profundidades secretas del propio ser, porque siempre había sabido que [Jesús] era así.

¡Cuántos de nosotros buscamos en lo profundo del corazón encontrar a Jesús, así como es: dulce, misericordioso, tierno! Porque nosotros sabemos, en lo más hondo, que Él es así. Reencontrado el contacto personal con la amabilidad y la misericordiosa paciencia de Cristo, Tomás comprende el significado profundo de su Resurrección e, íntimamente trasformado, declara su fe plena y total en Él exclamando: «¡Señor mío y Dios mío!» (v. 28). ¡Bonita, bonita expresión, esta de Tomás!

Él ha podido «tocar» el misterio pascual que manifiesta plenamente el amor salvífico de Dios, rico en misericordia (cf. *Ef* 2, 4). Y como Tomás también todos nosotros: estamos invitados a contemplar en las llagas del Resucitado la Divina Misericordia, que supera todo límite humano y resplandece sobre la oscuridad del mal y del pecado...

Jesucristo es el rostro de la misericordia del Padre. Dirijamos la mirada a Él, que siempre nos busca, nos espera, nos perdona; tan misericordioso que no se asusta de nuestras miserias. En sus heridas nos cura y perdona todos nuestros pecados. Que la

Virgen Madre nos ayude a ser misericordiosos con los demás como Jesús lo es con nosotros.

—Discurso Regina Caeli, Plaza de San Pedro, Domingo de la Divina Misericordia, 12 de abril de 2015

EMAÚS: UN CAMINO DE FE
LUCAS 24, 13-35

El Evangelio de este domingo, que es el tercer domingo de Pascua, es el de los discípulos de Emaús. Estos eran dos discípulos de Jesús, los cuales, tras su muerte y pasado el sábado, dejan Jerusalén y regresan, tristes y abatidos, hacia su aldea, llamada precisamente Emaús. A lo largo del camino Jesús resucitado se les acercó, pero ellos no lo reconocieron. Viéndoles así tristes, les ayudó primero a comprender que la pasión y la muerte del Mesías estaban previstas en el designio de Dios y anunciadas en las Sagradas Escrituras; y así vuelve a encender un fuego de esperanza en sus corazones.

Entonces, los dos discípulos percibieron una extraordinaria atracción hacia ese hombre misterioso, y lo invitaron a permanecer con ellos esa tarde. Jesús aceptó y entró con ellos en la casa. Y cuando, estando en la mesa, bendijo el pan y lo partió, ellos lo reconocieron, pero Él desapareció de su vista, dejándolos llenos de estupor. Tras ser iluminados por la Palabra, habían reconocido a Jesús resucitado al partir el pan, nuevo signo de su presencia. E inmediatamente sintieron la necesidad de regresar a Jerusalén, para referir a los demás discípulos esta experiencia, que habían encontrado a Jesús vivo y lo habían reconocido en ese gesto de la fracción del pan.

El camino de Emaús se convierte así en símbolo de nuestro camino de fe: las Escrituras y la Eucaristía son los elementos indispensables para el encuentro con el Señor. También nosotros llegamos a menudo a la misa dominical con nuestras preocupaciones, nuestras dificultades y desilusiones... La vida a veces nos hiere y nos marchamos tristes, hacia nuestro «Emaús», dando la espalda al proyecto de Dios. Nos alejamos de Dios.

Pero nos acoge la Liturgia de la Palabra: Jesús nos explica las Escrituras y vuelve a encender en nuestros corazones el calor de la fe y de la esperanza, y en la Comunión nos da fuerza. La Palabra de Dios, la Eucaristía. Leer cada día un pasaje del Evangelio. Recordadlo bien: leer cada día un pasaje del Evangelio, y los domingos ir a recibir la comunión, recibir a Jesús.

Así sucedió con los discípulos de Emaús: acogieron la Palabra; compartieron la fracción del pan, y, de tristes y derrotados como se sentían, pasaron a estar alegres. Siempre, queridos hermanos y hermanas, la Palabra de Dios y la Eucaristía nos llenan de alegría. Recordadlo bien. Cuando estés triste, toma la Palabra de Dios. Cuando estés decaído, toma la Palabra de Dios y ve a la misa del domingo a recibir la comunión, a participar del misterio de Jesús. La Palabra de Dios, la Eucaristía: nos llenan de alegría.

Por intercesión de María santísima, recemos a fin de que cada cristiano, reviviendo la experiencia de los discípulos de Emaús, especialmente en la misa dominical, redescubra la gracia del encuentro transformador con el Señor, con el Señor resucitado, que está siempre con nosotros. Siempre hay una Palabra de Dios que nos da la orientación después de nuestras dispersiones; y a través de nuestros cansancios y decepciones hay siempre un Pan partido que nos hace ir adelante en el camino.

—Discurso Regina Caeli, Plaza de San Pedro, 4 de mayo de 2014

¿QUIÉN ES EL TESTIGO?
Lucas 24, 35-48

En las lecturas bíblicas de la liturgia de hoy resuena dos veces la palabra «testigos». La primera vez es en los labios de Pedro: él, después de la curación del paralítico ante la puerta del templo de Jerusalén, exclama: «Matasteis al autor de la vida, pero Dios lo resucitó de entre los muertos, y nosotros somos testigos de ello» *(Hch* 3, 15). La segunda vez, en los labios de Jesús resucitado: Él, la tarde de Pascua, abre la mente de los discípulos al misterio de su muerte y resurrección y les dice: «Vosotros sois testigos de esto» (*Lc* 24, 48).

Los apóstoles, que vieron con los propios ojos al Cristo resucitado, no podían callar su extraordinaria experiencia. Él se había mostrado a ellos para que la verdad de su resurrección llegara a todos mediante su testimonio. Y la Iglesia tiene la tarea de prolongar en el tiempo esta misión; cada bautizado está llamado a dar testimonio, con las palabras y con la vida, que Jesús ha resucitado, que Jesús está vivo y presente en medio de nosotros. Todos nosotros estamos llamados a dar testimonio de que Jesús está vivo.

Podemos preguntarnos: pero, ¿quién es el testigo? El testigo es uno que ha visto, que recuerda y cuenta. Ver, recordar y contar son los tres verbos que describen la identidad y la misión. El testigo es uno que ha visto, con ojo objetivo, ha visto una realidad, pero no con ojo indiferente; ha visto y se ha dejado involucrar por el acontecimiento. Por eso recuerda, no solo porque sabe reconstruir de modo preciso los hechos sucedidos, sino

181

también porque esos hechos le han hablado y él ha captado el sentido profundo. Entonces el testigo cuenta, no de manera fría y distante sino como uno que se ha dejado cuestionar y desde aquel día ha cambiado de vida. El testigo es uno que ha cambiado de vida.

El contenido del testimonio cristiano no es una teoría, no es una ideología o un complejo sistema de preceptos y prohibiciones o un moralismo, sino que es un mensaje de salvación, un acontecimiento concreto, es más, una Persona: es Cristo resucitado, viviente y único Salvador de todos. Él puede ser testimoniado por quienes han tenido una experiencia personal de Él, en la oración y en la Iglesia, a través de un camino que tiene su fundamento en el Bautismo, su alimento en la Eucaristía, su sello en la Confirmación, su continua conversión en la Penitencia.

Gracias a este camino, siempre guiado por la Palabra de Dios, cada cristiano puede transformarse en testigo de Jesús resucitado. Y su testimonio es mucho más creíble cuando más transparenta un modo de vivir evangélico, gozoso, valiente, humilde, pacífico, misericordioso. En cambio, si el cristiano se deja llevar por las comodidades, las vanidades, el egoísmo, si se convierte en sordo y ciego ante la petición de «resurrección» de tantos hermanos, ¿cómo podrá comunicar a Jesús vivo, como podrá comunicar la potencia liberadora de Jesús vivo y su ternura infinita?

Que María, nuestra Madre, nos sostenga con su intercesión para que podamos convertirnos, con nuestros límites, pero con la gracia de la fe, en testigos del Señor resucitado, llevando a las personas que nos encontramos los dones pascuales de la alegría y de la paz.

—Discurso Regina Caeli, Plaza de San Pedro, 19 de abril de 2015

the WORD among us ®
The *Spirit* of Catholic Living

Este libro fue publicado por The Word Among Us. Desde 1981, The Word Among Us ha respondido al llamado del Concilio Vaticano II de ayudar a los laicos católicos a encontrar a Cristo en las Escrituras.

El nombre de nuestra compañía, que significa La Palabra Entre Nosotros, surge del prólogo del Evangelio de Juan y refleja la visión y el propósito de todas nuestras publicaciones: ser un instrumento del Espíritu, con el deseo de manifestar la presencia de Jesús entre los hijos de Dios. De esta forma, esperamos contribuir con la misión diaria de la Iglesia de proclamar el Evangelio al mundo para que todas las personas experimenten el amor y la misericordia de nuestro Señor y lleguen a amarlo más profundamente.

Nuestra revista devocional mensual, *La Palabra Entre Nosotros*, presenta meditaciones sobre las lecturas diarias y dominicales de la Misa, y actualmente llega a más de un millón de católicos en América del Norte y otro medio millón de católicos en cien países alrededor del mundo. Nuestra unidad de libros, The Word Among Us Press, publica diferentes libros, estudios bíblicos y panfletos que ayudan a los católicos a crecer en su fe.

Para encontrar más información sobre quiénes somos y qué publicamos, regístrese en nuestro sitio web www.wau.org. Ahí encontrará una variedad de recursos católicos que le ayudarán a crecer en su fe.

ACOJAN SU PALABRA, ESCUCHEN A DIOS…

www.wau.org